Ramón Jaime Estrada Soto

Der Weihnachtsmann

Lektionen von einer Weihnachtsreise

AV Akademikerverlag

Imprint

Any brand names and product names mentioned in this book are subject to trademark, brand or patent protection and are trademarks or registered trademarks of their respective holders. The use of brand names, product names, common names, trade names, product descriptions etc. even without a particular marking in this work is in no way to be construed to mean that such names may be regarded as unrestricted in respect of trademark and brand protection legislation and could thus be used by anyone.

Cover image: www.ingimage.com

Publisher:
AV Akademikerverlag
is a trademark of
Dodo Books Indian Ocean Ltd., member of the OmniScriptum S.R.L Publishing group
str. A.Russo 15, of. 61, Chisinau-2068, Republic of Moldova Europe
Printed at: see last page
ISBN: 978-620-2-22935-7

Sehr geehrte(r) Leser(in),

das Buch, das Sie in der Hand halten, wurde ursprünglich mit dem Titel " Santa Claus", ISBN 978-620-0-10918-7 veröffentlicht.

Seine Veröffentlichung auf Deutsch wurde durch den Einsatz modernster künstlicher Intelligenz für Sprachen ermöglicht.

Diese Technologie, die im September 2019 in Berlin mit dem ersten Honorary AI Award ausgezeichnet wurde, ähnelt der Funktionsweise des menschlichen Gehirns und ist daher in der Lage, kleinste Nuancen in bisher unerreichter Weise einzufangen und zu übertragen.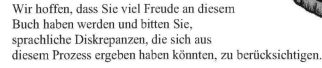

Wir hoffen, dass Sie viel Freude an diesem Buch haben werden und bitten Sie, sprachliche Diskrepanzen, die sich aus diesem Prozess ergeben haben könnten, zu berücksichtigen.

Viel Spaß beim Lesen!

Akademikerverlag

DICATORY

ZUM LEBEN:

"Wenn ich auf das Meer, den Fluss, den Berg, den Himmel und alles, was sie umgibt, schauen und schreiben kann, was mir gefällt, verbeuge ich mich mit der Verbeugung eines Herrn als Zeichen der Demut und der großen Dankbarkeit für diese nachdenkliche Gelegenheit.

VORWORT

Das folgende Werk zeigt mit literarischer Schlichtheit, was eine Realität ist, wie die Ankunft von CHRISTMAS, eine Zeit, in der die kindliche Welt fast ohne Verständnis den magischen Sinn einer gebenden Figur wie dem Weihnachtsmann sieht und fühlt.

Natürlich lässt dieses Werk Raum, um die verschiedenen Situationen zu entdecken, die sich in dieser besonderen Zeit jedes Jahresergebnisses ereignen, so dass man irgendwo in der Geschichte die beiden Seiten der Medaille sehen kann, wie die virtuelle Präsenz eines Wesens wie der Weihnachtsmann, der in Begleitung seines Freundes Alberto und eines treuen Hundes ohne Namen Kindern Freude bereitet, aber auf der anderen Seite werden diese Kinder im Laufe der Jahre erwachsen und müssen sich der wahren Realität dessen stellen, wer wirklich so viel Freude geschmiedet hat.

Die Lektüre lädt uns ein, den Unterschied zwischen Realität und Virtuellem zu verinnerlichen, der sich nur entschlüsseln lässt, wenn man das Geschehene kennt und auf persönliche Weise fühlt. Eine Situation, die uns lehrt, zu denken, dass wir Sterblichen immer in der Lage sein sollten, auf unserem eigenen Boden zu gehen, weil wir ihn betreten haben. Der Autor versucht, äußere Werte bekannt zu machen, die es uns erlauben, uns selbst zu entlarven, wie die Liebe zu Tieren, in diesem Fall ein Straßenhund, der nur Freude zu geben weiß, und uns gleichzeitig die Möglichkeit gibt, uns innerlich für den persönlichen Erfolg und den der anderen zu verbessern.

Dieses Buch ist das zweite Werk des Autors, dem eine Geschichte des Zweiten Weltkriegs vorausging, die im Oktober 2009 unter dem Namen "Long Breath: Survival Factor" auf den Markt kam.

"DER WEIHNACHTSMANN: LEKTIONEN VON EINER WEIHNACHTSREISE"

KAPITEL I: *ANORDNUNG EINES GEDANKENS*

Eine schwache Sonne warf ihr majestätisches Licht auf eine große weiße Ebene, die mit dem Eintreffen des Lichts in Reflexionen tanzte, die es ermöglichten, in der Ferne einen etwas gebrauchten Schlitten zu sehen, der anscheinend aufgehört hatte, auf das Signal des Vorrückens einiger Rentiere zu warten, die über ihren Köpfen ein buntes Heer von Knochen zeigten.

Es war schwierig für die Person, die zum Schlitten ging, schneller zu gehen, denn es war schwierig, auf einer Eisfläche zu laufen, natürlich war der Ort, an dem sich die Figuren befanden, nichts weniger als der Nordpol!

Als sich die Person dem alten Schlitten näherte, konnte man nach und nach die Figur eines offenbar recht alten Mannes sehen, der nur noch seine langen weißen Haare zeigte, die auf dem Rücken heruntergingen. Seine etwas müde Ankunft, die durch die Beschleunigung seiner Atmung dargestellt wird, hatte keine Auswirkung auf den älteren Mann, der hinten auf dem Schlitten sitzt. Der Besucher bemerkte, dass sein Aussehen keine Veränderung der sitzenden Person bewirkte, und begann wieder zu gehen, indem er ihn vor den weißhaarigen Mann stellte.

Als sie einige Zentimeter von ihm entfernt ist, atmet sie durch und ruft: "Alter Weihnachtsmann! Ich habe dich heute ziemlich oft gesucht und konnte dich nicht finden, stimmt etwas nicht mit dir, du bist so nachdenklich", hält sie inne und fragt erneut: "Brauchst du Hilfe? Darin bewegt sich die alte Figur und seine Augen scheinen das Gesicht des Besuchers zu suchen und seine Lippen offen, um ein entzifferbares Geräusch zu machen - die Wahrheit ist, dass ich den ganzen Tag von einer Seite auf die andere meine Rentiere bewegt habe, und es war nur der Gedanke, dass ich viele Jahre damit verbracht habe, Botschaften des guten Willens und der Freude zu überbringen, sowie die Geschenke so weit wir konnten, aber ich war nie ein echter

Weihnachtsmann, das schmerzt mich - atmen Sie tief durch und wenden Sie sich dem Punkt zu - lieber Freund Alberto, Lassen Sie sich nicht stören, ich bin in einer Zeit, in der man ein wenig niedergeschlagen ist - er starrt seinen Freund an, knallt die Hände in seine Jacke und geht ein paar Schritte nach vorne, dreht sich dann um und sagt: "Ah, ich glaube, es ist Zeit für uns, nach Hause zu gehen und unsere Rentiere zu füttern, damit sie sich später von diesem Spaziergang ausruhen können. In diesem Spaziergang fragt Alberto, etwas fasziniert, ihn: "Der Weihnachtsmann, wie kommen Sie auf diese Idee? - Sein Körper wurde beim Laufen von einer Seite des Schlittens auf die andere gepeitscht, und mit einem gewissen Unbehagen über die Position seines Körpers antwortet der Weihnachtsmann - das hatte ich Ihnen nicht gesagt, aber auf der letzten Fahrt zu Weihnachten hatte ich die Gelegenheit, einen Vater am Weihnachtstag zu seinem Sohn sagen zu hören: "Heute, anstatt ein glücklicher Tag für mich zu sein, wird ein nicht so guter Sohn sein, denn mit dem, was ich Ihnen sagen werde, können Sie sich darüber informieren, dass Ihr Vater den lieben Weihnachtsmann verschwinden ließ ò Alter Pascuero und wenn er das sagt, fängt er an zu weinen" - Alberto hört dem Weihnachtsmann aufmerksam zu, gibt er an - und Sie hören das, was haben Sie getan? - es gab eine kleine Pause beim Schlittenfahren und dann umreißt der Weihnachtsmann ein paar Worte - schau, ich war beeindruckt von dem, was ich gehört hatte, und offensichtlich habe ich aufmerksam gewartet, was der Sohn zum Vater sagte - "du machst mir Angst, Papa, ich glaube nicht, dass du jemanden verschwinden lassen hast" - in dem der Vater seine Tränen überwindet und sagt - "die Wahrheit, Sohn, ich habe es mit niemandem gemacht, aber heute bist du groß genug, Sie sind gerade 16 Jahre alt geworden, und es ist an der Zeit, dass Sie wissen, dass all diese Geschenke, die seit Jahren mitgebracht werden, das Produkt eines schönen Traums sind, der am Nordpol entstanden ist, der aber in Wirklichkeit zu uns nach Hause gekommen ist, mit der Komplizenschaft Ihrer Mutter, Ihrer Großeltern und meiner, die bis heute das Unmögliche getan haben, so dass Sie, Sie und Ihre Schwester, glücklich sind mit der Erinnerung an jemanden, der mich auch einmal seit meiner Kindheit in Form des Weihnachtsmanns oder des Alten Mannes begleitet hat, nämlich mein lieber Vater; Aber unabhängig davon werden von heute an nicht mehr plötzlich Geschenke

6

erscheinen, wie sie es früher waren, und das macht auch mich traurig, denn auch heute beginnt mit dieser Geschichte eine schöne Illusion in Ihnen und in uns allen zu sterben, weil dieser Tag unserer Familie so viel bedeutet hat; aber wie weit er auch manchmal in allen möglichen Dingen entfernt erscheinen mag, der Tag der Wahrheit kommt immer" - fährt der alte Heilige fort - ich beobachtete, dass der Junge-Jugendliche dort wirklich verstand, was sein Vater ihm erzählte, ich wage zu behaupten, dass diese Nacht einen Prozess von vielen Jahren der Freude und Zufriedenheit kulminierte, um die Kindheit herum - das war der liebe Alberto, was ich mir anhören musste und was ich lange verheimlichte, bis ich mich heute entschied, Ihnen davon zu erzählen - mit leiser Stimme, einem verzweifelten alten Heiligen - Alberto, der mit dem Kopf nickte, bestand darauf - aber Sie haben nichts getan? Sie haben nur zugehört! Sagen Sie mir etwas - Der alte Weihnachtsmann wandte sich an seinen Freund und antwortete ihm - die Wahrheit war, dass das, was ich hörte, mich aufregte, und ich begann zu überlegen, wie vielen Eltern das passieren würde... Sie müssen sich sehr schlecht fühlen, wenn der Moment der Wahrheit kommt, da sagte ich mir, wie gerne wäre ich ein echter Weihnachtsmann, d.h. ein Weihnachtsmann mit einem wahren Körper! - dann fügte er hinzu - deshalb denke ich nach und denke darüber nach, lieber Freund -

Der Schlitten blieb plötzlich stehen, die beiden Männer sahen sich das Geschehen an und merkten erst dann, dass sie in ihrem Haus angekommen waren, einem Ort, der einem kleinen Haus mit geteilten Fenstern entsprach, innerhalb eines steinernen Kamins, außerhalb eines alten Holzzauns und anderer Konstruktionen, die ihre Gestalt kaum erkennen ließen, da auf ihren Dächern und Terrassen eine Schneedecke lag, die den Eindruck erweckte, echte Wächter zu sein, die aus der Ferne betrachtet wurden. Auch bei diesen Bauten war der Zeitablauf offensichtlich spürbar, da zwischen den Wäldern und ihren Öffnungen eine Vielzahl von Flechten- oder Bartartenarten als Schmuck geschätzt wurden.

Ein Hund, fast rennend, kommt näher, wedelt mit dem Schwanz von einer Seite zur anderen, verteilt Streicheleinheiten mit der Zunge und springt, hört nicht auf, die

Männer anzuschauen, die die Kälte mit ihrem Atem zeigen lassen; dieses Tier mit seiner Freude, zeigte, dass die Besitzer des Ortes angekommen waren. Die beiden Männer rieben sich die Hände aneinander, als ob sie den Eindruck erwecken wollten, dass die Hitze kommen würde.

Also betraten beide Figuren das Haus, zogen ihre Mäntel aus und begannen dann, sich mit Wasser die Hände zu waschen, die aufgrund der niedrigen Temperatur des Bereichs, in dem sie sich befanden, etwas rot waren. Seine Handschuhe schützten seine Hände kaum vor dem eisigen Klima dort.

Eine Dame in schöner, farbenfroher Kleidung nähert sich den beiden Männern, und nachdem sie sie gefragt hat - wie ist es gelaufen? - wurde unisono als Antwort gehört - sehr gut! - Als er das hörte, lächelte er und drehte sich in den Speisesaal des Hauses, als ob er sich darauf vorbereitete, einen Teller mit heißem Essen zu servieren. Auf dem Tisch stand alles, das Schärfste war das Brot, das sogar mit einem feinen Tuch bedeckt war und dem es gelang, eine Dampfspur zu entweichen, die allen Anwesenden zu sagen schien, dass es gerade zubereitet wurde. Diese Brotlaibe waren rund, und man konnte erkennen, dass sie von den Händen der Brüder, von den Händen der Arbeiter, von den Händen der Frauen gemacht worden waren.

Nachdem sich die beiden Männer bedient und jedes Gericht, das ihnen angeboten wurde, gekostet hatten, und als wären sie die letzten des Tages, stellten sie ihre Stühle besser auf, sahen sich gegenseitig an und nickten in diesem Moment übereinstimmend. Sie bereiteten sich auf einen attraktiven Orangensaft vor, der von kleinen, aber glänzenden Eisstücken begleitet wurde, die langsam über Blasen schwammen und gleichzeitig stolz zu sagen schienen: "Wir sind von diesem Ort und deshalb sind wir hier".

KAPITEL II: *PLANUNG EINER REISE*

Zwei oder drei Minuten lang wurde nichts gesagt, aber plötzlich richtete sich Alberto, der an die Decke schaute, auf und ließ eine Frage heraus - was werden Sie nächstes Weihnachten tun? - Der Körper des Weihnachtsmanns schien sich auf dem Stuhl so unbehaglich zu fühlen, dass der Stuhl ein wenig quietschte, also schaute er auf und sagte - deshalb, mein denkender Freund, denke ich, dass ich etwa zwanzig Tage vor Weihnachten aufbrechen werde, um eine Stadt oder einen Ort auf der Welt zu besuchen, und ich werde mich als der Weihnachtsmann zeigen, dass ich bin, und ich werde Sie, lieber Freund, bitten, mich in meiner Position an diesem eisigen Ort zu ersetzen und die Arbeit zu tun, als ob ich es wäre, und am Ende der Weihnachtsnacht werden Sie mich dort suchen, wo ich bin, was denken Sie? - Alberto, sein Freund, der aufmerksam zuhörte, war sehr überrascht von dem, was er gerade herausgefunden hatte und noch nicht aus seinem Erstaunen herauskam, mit einer etwas leisen Stimme und Worten mit einer gewissen Langsamkeit im Abgang, antwortete - die Wahrheit, dass ich glaube, Sie sind bestrebt, zu wissen, was es heißt, ein echter Weihnachtsmann zu sein, Aber das muss Sie nicht beeinflussen, wenn Sie eine solche Entscheidung treffen, ich denke, Sie sollten darüber nachdenken, ein wenig mehr nachdenken, bevor Sie sich überlegen, was Sie mir ausgesetzt haben - der Weihnachtsmann beobachtet seinen Freund und mit einem verstohlenen Nicken schien er der Bitte zuzustimmen.

Das Erscheinen einer Tasse Kaffee am Ende des Abendessens sorgte für ein wenig Ruhe in einem so seltsamen Dialog. Das Feuer eines beheizten Holzofens lockte die Sitze beider Figuren auf die Seite. Durch das Fenster konnte man sehen, wie der Mond mit dem kaum sichtbaren grellen Licht fiel, ein weißer Mantel, der aus Millionen von Schneetropfen gebildet wurde, das war so an diesem Ort, der Schnee und die Kälte waren die Herren der Nacht und des Tages, kaum erschien die Sonne, um zu beweisen, dass sie der König unserer Galaxie war.

Nachdem sie sich am Rand des Ofens ein wenig aufgewärmt hatten, gingen beide Männer auf ihre Zimmer, und jeder ging auf seine Seite, um sich nach einem harten Arbeitstag auszuruhen. Alberto legte seinen Kopf auf das Kissen, und fast ohne es zu merken, dachte er - der alte Weihnachtsmann sieht entschlossen aus, ich sehe, dass ich mich um das, was hier ist, und die Reise zu Weihnachten kümmern muss - und so nahmen fast ohne es zu merken Müdigkeit und Schlaf seine Gestalt an, um ihn in eine andere Dimension zu bringen, die manchmal so attraktiv wie das Alltagsleben ist, die fast immer voller Träume ist.

Am nächsten Morgen wachten die beiden Männer fast gleichzeitig und zu ihrer Überraschung auf, als sie den Speisesaal erreichten und versuchten, durch das Glas zu sehen, obwohl das Glas nicht groß war, ließen sie die Klarheit, nach der ihre Augen suchten, nicht durch, und was eine solche Aktion behinderte, war eine dicke Eisschicht, die sich auf der glatten Glaswand wohl zu fühlen schien. Sie machten nutzlose Anstrengungen mit ihren Händen, um das Eis aufzulösen, aber es war nutzlos.

Als Alberto sah, dass seine Strategie nicht funktionierte, schaute er aus dem Fenster und näherte sich der Tür, versuchte sie zu öffnen und das Ziel mit Mühe zu erreichen, doch wie jedes Jahr ließ er ein Lächeln heraus, als er den kalten Morgenwind spürte, der von den endlos kalten Ebenen kam. Sein vorheriges Lächeln war darauf zurückzuführen, dass er das Haus nicht verlassen konnte, wenn die Tür offen war, weil ein perfektes Tor mit Eisstäben gebaut worden war, das jeden daran hinderte, nach draußen zu gehen.

Mit langsamer und freundlicher Stimme sagt Alberto - Winterfreund, du bist wirklich vorsichtig, du hast uns gestern Nachmittag reingelassen, und als hätten wir ein Verbrechen begangen, hast du die ganze Nacht gestrickt, diesen tadellosen Zaun, der uns in der Falle sitzen lässt, wenn wir nicht sofort etwas unternehmen - sagt, dass er in einen kleinen Raum geht, den sie im Haus hatten, wie eine Art kleinen Keller, und nachdem er ein wenig hineinschaut, findet er eine Schaufel, die er nimmt und sich darauf vorbereitet, die bereits erwähnten Gitterstäbe zu treffen.

Nach etwa fünfzig Minuten schreit der Weihnachtsmann durch die klare Tür - Alberto, das Frühstück ist fertig!

Der Tisch war bei dieser Gelegenheit mit einer roten Tischdecke und mehreren Tassen gedeckt, die ein Treffen mit dem Frühstück ankündigten. Die Haushälterin war in Eile und suchte nach den letzten Details, um alles bereit zu haben, als Alberto erschien, der wegen der Kälte draußen etwas blass war, und dann tauchten mehrere Mitglieder dieses unbekannten Sektors auf, die nur wenig von Fremden besucht wurden.

Es dauerte keine fünf Minuten, bis alle Gäste, also insgesamt 11 Personen sowie Alberto und der alte Weihnachtsmann, erschienen waren. Nachdem er etwa 30 Minuten lang Platz zum Plaudern hatte, während er sich das Frühstück servierte, streckte der Weihnachtsmann seine Hand aus und fand eine kleine Glocke, die für diejenigen, die den zarten Klang empfingen, einen weichen und angenehmen Klang gab. Die Blicke drehten sich fast unisono, um sich auf die Person zu einigen, die den wohlklingenden Ruf provoziert hatte.

Der alte Weihnachtsmann, der sich besser in seinem Stuhl niedergelassen hat, ließ seine Serviette auf dem Tisch liegen, atmete tief durch und sagte - liebe alte Freunde von so vielen Jahren, ich habe Sie heute hierher gerufen, um Ihnen etwas zu sagen, das mich seit einigen Tagen ungeduldig hält und genau heute möchte ich es mit Ihnen teilen und es ist, dass ich immer mit Ihrer Unterstützung, dem lieben alten Weihnachtsmann, gewesen bin, den die Menschen sehen, sich vorstellen und lieben und sich von diesem Charakter inspirieren lassen, um ihren Kindern, ihren Bekannten und warum nicht, den besten Tag zu schenken! unbekannt, auch am Weihnachtstag, was sehr gut ist, denn wir haben es so gemacht, wie es jedes Jahr gemacht wird, nämlich den meisten Kindern auf der Welt die Geschenke zu bringen, die sie am liebsten hätten. Sie wissen, dass wir oft, und das ist die Mehrheit von ihnen, nicht alles tun können, was von uns verlangt wird, aber ich weiß genau, dass wir in einem Jahr alles stehen und liegen lassen, um die Kinder zufrieden zu stellen, aber auch wenn wir es nicht schaffen, uns um alle zu kümmern, und viele Kinder mit nichts zurückbleiben, an einem für die meisten unvergesslichen Datum. Um zur Sache zu kommen, möchte ich Sie bitten, dass ich mit den Füßen auf den Boden stehe, d.h. die Realität spüre und mich als der alte Weihnachtsmann präsentiere, der ich bin, aber wirklich, d.h. dort zu sein, wo ich gebraucht werde, um die Freuden und die Sorgen mit den Menschen teilen zu können und gleichzeitig zu wissen, wie wir uns jedes Jahr verbessern können, als Handwerker der Freude der Kinder und warum nicht auch der Erwachsenen; Es mag sein, dass wir heute nichts brauchen, aber das wissen wir nicht, und ich denke, es wäre von großem Wert, an dem, was wir aufbauen, teilhaben zu können, ebenso wie die Illusion in den Menschen.

Die Rede ging weiter - für das, was ich geplant hatte, dachte ich, dass ich meinem großen Freund Alberto die Verantwortung für diesen Ort überlasse und die Geschenke mit Ihnen verteile, d.h. dass er diesmal der Weihnachtsmann ist und mich irgendwo auf der Erde zurücklasse, um etwa 20 Tage von dieser schönen Station namens Nordpol, wo unser Haus steht, entfernt zu sein - er sagte das zu Ende und ließ sich auf die Rückenlehne des Stuhls fallen, der offenbar schon daran gewöhnt war, auf den schweren Körper zu warten, um sich darauf auszuruhen.

Die bisher schweigenden Gäste sahen sich gegenseitig an, beobachteten die Bewegungen in den Stühlen und warteten vernünftigerweise ab, wer zuerst sprechen würde. Eine angespannte Ruhe umgab den Tisch, und als es schwierig zu sprechen schien, erhob sich die Gestalt eines kleinen Mannes mit kurzen Haaren und einer guten Miene, der - wie Sie wissen, stammt mein Name aus dem Monat Juli, und ich bin sehr überrascht, denn in den Jahren, die ich hier bin, hatte kein Mensch aus diesem Teil der Welt daran gedacht, als Mensch zu sein und die Realität anderer Länder zu erleben, die nicht diese waren, die wir so gut kennen; Für mich ist es eine gute Entscheidung, aber ich habe das Gefühl, dass Sie dort nicht allein sein können, Sie sollten mit jemand anderem gehen, es ist nicht gut, dass Sie ohne unsere Hilfe bleiben - dann hat er sich hingesetzt, und ich hoffe, dass jemand anderes dazu beigetragen hat. Vom Kopf des Tisches aus, genauer gesagt von der Nordseite des Hauses, hebt ein fröhlich aussehender kleiner Mann die Hand, lächelt und fügt hinzu - wenn eine Person wie unser lieber alter Weihnachtsmann das, was er gesagt hat, auf den Tisch legt, dann deshalb, weil die Entscheidung getroffen wurde; Ich möchte nur meine Unterstützung für die Idee zum Ausdruck bringen, aber Ihr weißes Haar verrät, dass Sie vielleicht in anderen Ländern Hilfe brauchen, deshalb denke ich auch, dass Sie eine Begleitung von jemandem von uns haben sollten, das ist mein Wort - dann erscheinen mehrere Lächeln in Bezug auf die Haarfarbe des Weihnachtsmanns und eine dritte Figur, dass ich nach der Reparatur einer alten Jacke, die offenbar aus Jeansstoff hergestellt ist, anzeigt - selten habe ich durch mich das Gefühl der Loslösung von etwas gefühlt, wie es mir heute passiert ist, d.h. wir werden allein gelassen, für ein Datum, das für alle, auch für uns, so wichtig ist; Deshalb glaube ich, wie Emilio, dass Sie, lieber Weihnachtsmann, Gesellschaft leisten müssen, das heißt, nehmen Sie jemanden von uns und gehen Sie der Wahrheit entgegen - dann nehmen Sie eine Tasse, die etwas warmen Tee enthielt, und schenken Sie ihm eine Tasse ein, die anscheinend ein wenig geladen war, wegen der Farbe, die man bemerkte, als ein kleiner Tropfen auf die schöne, mit verschiedenfarbigen Blättern verzierte Seidentischdecke fiel; Dann setzt sich der Mann in seinen Sessel - alle Anwesenden sehen sich an und nicken übereinstimmend, im Tenor des Gehörten; 30 Sekunden nach dem Geschehen, als auf dem großen Eichentisch, fein an seinen Konturen gearbeitet, eine Figur an der Spitze aufsteht, war es der Weihnachtsmann, und nachdem er beide Hände auf dem angezeigten Tisch bejaht hat, sagt er - ich möchte Ihren Worten danken, Freund Juan, und all denen, die sich eingemischt haben, aber ich möchte diesen Moment nutzen, um Sie darauf hinzuweisen, dass Sie gerade mit einer großen Sorge in mir fertig geworden sind, und so würden Sie es auch aufnehmen, ich weiß, dass Sie es vollkommen angenommen haben, Aber Sie wollen mich nicht allein gehen lassen, und aus der Tiefe meines Seins, schon ein wenig müde und alt von so viel Leben, bin ich unendlich dankbar für die Unterscheidung, die Sie machen, und ich fühle, dass ich mich begleiten lassen muss, und angesichts dessen nehme ich an und lade Sie ein, unter Ihnen allen zu wählen, wer

13

mein Begleiter sein wird, wofür ich die Idee, dass wir die Wahl am nächsten Sonntag treffen könnten, zu dieser Zeit stehen lasse, aber während der wenigen Zeit, die noch bleibt, muss jeder überlegen, wer der Auserwählte sein wird, und den Namen an den Tisch bringen, was denken Sie? - Es gab ein Raunen der Annahme, und dann wurde eine kleine Glocke geläutet, die das Ende der Sitzung ankündigte, und dann stand jeder Gast von seinem Platz auf und ging zur Ausgangstür; jemand anderes verzögerte diese Aktion, und bevor er die Tür schloss, drehte sich sein Körper auf die rechte Seite der Tür, sah den alten Weihnachtsmann an und sagte: "Glaubt nicht, dass wir Angst haben, dass du allein und mehr wegen deines Alters weggehst, wir sind alle Freunde hier, und du weißt, dass ein Freund nicht im Stich gelassen werden darf, er muss gepflegt, respektiert und geschützt werden; weil die gleichen Werte und Lehren gepflegt werden und wenn der Tag der endgültigen Trennung auf diese Weise kommt, kann der Freund ein Fortsetzer der Arbeit des anderen sein, auf diese Weise wird die Figur vermisst, seine Witze, seine Freude, aber nicht seine Werke - er dreht sich um und beginnt die Tür zu schließen; aus dem Mund des Mannes mit den langen weißen Haaren kommen folgende Worte heraus - Alberto! Sie sind ein sehr weiser Mann, anscheinend fleißig, Sie sagen immer Worte, die in einem Gemälde bleiben sollten, ich schätze Ihre Wertschätzung für mich, das Gleiche geschieht mit mir gegenüber Ihrer Person, deshalb denke ich, dass Sie sich nicht in mir getäuscht haben, das Leben gibt viele Dinge, unter anderem hat es mir Ihre Freundschaft geschenkt, wofür ich sehr dankbar bin - trotzdem hat er einen kurzen Besuch gemacht, und Alberto, der auf der letzten Stufe der Treppe der Tür stand, wirft ihm einen letzten Blick zu und schließt die Tür hinter sich.

So vergingen einige Tage, bis der alte Weihnachtsmann am Samstag des Monats Mai durch den Sturz der Nacht mit langsamen Schritten auf den Stuhl zuging, der in der Nähe eines Kamins gewartet wurde, und es schien, als ob dieses Utensil nur darauf gewartet hätte, den Rest eines schweren Körpers abzuwarten. Seine rechte Hand streichelte sanft seinen weißen Bart, und seine Augen schienen sich zu verbeugen, um mehr Klarheit in dem großen Feuer zu suchen, das entstanden war; nun, es war

14

akzeptabel, denn die Stämme waren groß und genossen eine gute sommerliche Trocknung, die es ihnen erlaubte, ihre verschiedenen Flammenfarben zu zeigen, zum rhythmischen Rhythmus des Waldes, während sie sich in den Verzehr des Feuers einließen. Manche Glut schien den Moment zu nutzen, um zu spielen, einen Teil von sich springen zu lassen und mit ihm eine Spur von Leuchtkraft zu bilden, die schnell fehl am Platz war.

Mit den Fingern des Weihnachtsmanns versuchen sie, diese kleinen Sterne zu fangen, aber es gelingt ihnen nicht, sie waren schon weggerutscht.

Danach begann er im Stuhl zu schaukeln, was anscheinend bei jeder Bewegung ein kleines Geräusch verursachte, als ob er andeuten wollte, dass er wiederhergestellt werden müsse, es war dringend notwendig, dies zu bejahen; plötzlich stoppte der Stuhl seinen etwas langweiligen Rhythmus und der Körper des Weihnachtsmanns, steht auf, um zu murmeln - etwas ist mir seit gestern unangenehm, und ich weiß nicht, was es ist, es scheint mir, dass so viel Klarheit, es sollte nicht draußen sein -, indem er fühlte, dass seine Füße ihn zu dem großen Fenster lenkten, das sich auf der Ostseite seines Standortes befand; Als der Körper des Weihnachtsmanns auf der erwähnten Seite des Fensters ankam und die Augen durch das Glas die Klarheit der Nacht suchten, indem das gesamte Körpersystem des Weihnachtsmanns zitterte, begann er nach einigen Sekunden nach und nach seine Steifheit zu mildern, ein Produkt des Unbehagens, nicht zu wissen, was ihn nervös machte. Natürlich war es da! Es war ein großer, fast orangefarbener Kreis, der sich zu einer großen Höhe erhob, es war die Sonne, die die "Zeit der Mitternachtssonne am Nordpol" einleitete.

Niemand in dem alten Haus hörte ihn sprechen, aber sein Verstand sagte - was für eine große Schönheit es ist, hier zu sehen, auch wenn die Kälte uns alle jeden Tag ein wenig verzehrt, dies stellt mögliche Verluste wieder her, es würde sicherstellen, dass dies gegeben wird, damit wir es genießen können, wenn wir hier stehen, während ich diesem höheren Wesen oder Gott oder wie auch immer der Name des Herrn oben ist, für dieses schöne Abendgeschenk danke, niemand anderes wird es sehen, fragte er sich.

In der Tat ist die Beleuchtung gerade zu dieser Jahreszeit, von Mitte Mai bis Ende Juli, maximal, d.h. sie deckt die 24 Stunden eines Tages ab, und zwar deshalb, weil der Neumond bei Einbruch der Nacht eintritt, der sich dies zunutze macht.

Gelegenheit, ihre Pracht, ihre Gestalt zu zeigen, zu sagen, dass sie existiert, dass sie uns auch Licht gibt, wenn auch oft unsichtbar entlang des endlosen Horizonts, in diesem Teil des Planeten, wie auch am Nordpol.

Seine beiden Hände näherten sich den beiden Schläfen und seine Nase berührte die Milchglasscheibe, er versuchte, eine scheinbar hockende Figur zu betrachten, die sich in einer Gasse des Wohnraums befand, der aus mehreren großen und einem besonders breiten Haus bestand, das aufgrund seiner Struktur aus der Ferne als ein Ort der Meisterschaft erahnt werden konnte, d.h. als der Schlüsselort, an dem fast alle Geschenkbitten gebaut wurden, die die Kinder der Welt per Brief verschickten.

Der alte Mann mit den langen weißen Haaren, da er nicht erriet, welche Figur in der Gasse gebückt war, öffnete die Tür seines Hauses und ging, um ihn zu erkennen. Als seine Schritte einige Meter von der Person entfernt waren, sprach er - Alberto, was machst du hier zu dieser Stunde? - Fast im gleichen Moment steht die bereits identifizierte Figur auf und sagt etwas überrascht - ich hätte Sie fast nicht kommen hören; nun, ich bin hier geblieben und habe diese nächtliche Schönheit beobachtet, die heute erscheint, nicht einmal das kalte Wetter konnte meinen Wunsch, diese Show zu sehen, aufhalten, ich denke, lieber Freund, dass wir dafür und für so viele andere Dinge Glück haben, meinen Sie nicht? - Nun ja - antwortete der Weihnachtsmann und fügte hinzu - eigentlich war ich in derselben, ich verbrachte eine leichte Stunde damit, dieses Phänomen zu betrachten, und deshalb schaute ich aus dem Fenster und konnte Sie nicht identifizieren, also kam ich, um zu sehen, wer es war - Ah, ich vergaß, Ihnen etwas zu sagen, dass ich in dieser ungewöhnlichen Nacht so ekstatisch aussah, Mir war nicht

16

klar, dass Sie immer noch nicht im Haus angekommen waren, vielleicht hätte ich darüber nachdenken sollen und dann hätte ich geahnt, dass Sie der Mann sind, der sich auf die Straße gelehnt hat", sagte der Weihnachtsmann. Dann gingen beide durch einen leichten Nebel verloren, der in dieser Nacht schnell auftauchte, als ob er auf eine unerbittlichere Kälte hindeutete.

Eine etwas größere Klarheit als die, die in der Nacht zuvor erschien, kam am Sonntag zum Vorschein. In den kleinen Straßen der Häuser konnte man den Schnee sehen, der wie ein frisch gedecktes Tischtuch keine Falten auf seiner Oberfläche zeigte. Die Pfähle der Zäune schienen mit einem weißen Stoff bekleidet zu sein, der sich ohne Scham mit großer Leidenschaft an die Weichheit und Sicherheit klammerte, die das Holz bot.

Einige einsame, kaum noch zu sehende Gehölze, die auch vom Schnee, der in der Nacht plötzlich gefallen war, besucht worden waren, um all das zu besuchen, was es an diesem Ort gab.

Etwa in den ersten zehn Stunden des Morgens beginnen sie die Häuser zu verlassen, etwas lächelnde Gestalten, die, als sie sich trafen, sich fröhlich, glücklich und mehr als einige von ihnen begrüßten, versuchten, sich die Hände zu schütteln und zu schlagen, als wollten sie sie aufwärmen. So kamen sie alle an den Türen des Hauses an, wo das Treffen auf sie wartete, dessen Ziel es war, zu entscheiden, welche Person den alten Heiligen auf seiner weihnachtlichen Reise an irgendeinem territorialen Ort der Erde begleiten würde.

Das Innere des großen Hauses des Alten Weihnachtsmanns, war in Stille, doch wieder der Tisch aus Eiche, wurde mit einem exquisiten Frühstück vorbereitet und mit seiner unveränderlichen Kleidung, gab zu verstehen, dass es gekleidet war und wurde so vorbereitet, weil es zu wichtigen Teilnehmern gehofft.

17

Die Tür begann sich zu öffnen, und ein leises Quietschen des alten Schildes, das den Zutritt zum Gehege ermöglichte, warnte vor dem Eindringen von Personen. Der alte Weihnachtsmann, der im einzigen Korridor des Hauses wandelte, eilte mit seinen Schritten, um seinen Besucher zu empfangen, der anscheinend schon auf jemanden wartete, der ihn empfangen würde.

Nach der üblichen Begrüßung lädt der Weihnachtsmann mit seiner rechten Hand und einem kurzen Urlaub alle ein, sich hinzusetzen und zu probieren, was auf dem Tisch lag. Die Löffel, Messer und einige andere Service, begann ihre musikalische Verhalten, zu dem ein entspanntes Gespräch, als ob eine Präambel von dem, was kommen wird, und das war, um die Begleiter des Eigentümers des Hauses zu bestimmen, um die Welt des Menschen zu reisen hinzugefügt wurde.

Nach einigen langen Gesprächsminuten, in denen sich überraschende Witze und einige persönliche Schnappschüsse mischten, konnte man Ruhe finden, als der Klang einiger Glocken den Einzug der formellen Sitzung erkannte. Sie alle schauten zum Kopf des Tisches, und gerade dort stand eine Hand, die die Glocke hielt, diejenige, die diese freudige Unterhaltung beendet hatte.

Der alte Weihnachtsmann, so wie er freundlich war, steht von seinem Stuhl auf, schaut alle seine Gäste an und plappert - liebe Freunde, wir treffen uns heute wieder an diesem schönen Tisch, um sich an das zu halten, was die meisten Leute sagen, und das ist, um meinen Reisegefährten zu nennen, bitte ich Sie, mir den Namen jeder einzelnen Person, die mit mir gehen sollte, zu übergeben - und zu sagen, dass dieser sitzt und wartet. Es gab mehrere Sekunden, die endlos waren, denn wer auf eine schnelle Antwort wartete, stand plötzlich auf, Emilio, der in diesem Moment ein hellbraunes Hemd aus Kitzhaut trug, seine Stiefel aus Robbenhaut scheinen Kraft zu nehmen und den Mann zu schieben, so dass er seine Figur über die anderen stellen konnte, Als er vom gemütlichen Tisch aufsteht, zeigt er mit einer kurzen Pause an - ich möchte diese Worte beginnen und sagen, dass niemand einen Namen mitgebracht hat, dies wurde in der

"Schreinerei" (so hieß das große Haus der Meisterschaft) besprochen und wir haben einstimmig die Figur gewählt, die ich in der Lage bin, zu verraten, Wenn es in dieser letzten Minute niemanden gibt, der sich der Ratifizierung widersetzt - danach hat er überall nach jemandem gesucht, der eine andere Meinung hat, aber niemand hat sich bewegt, darüber nachzudenken, dann fügte er hinzu -, dann haben wir uns alle gut unter uns ausgesucht, auch unsere Freundinnen, die uns immer begleiten, dass die Person, die Sie begleiten sollte, unser Freund Alberto sein sollte, er ist es, er richtet seinen Blick sofort auf die erwähnte Figur, und diese ist ein wenig zerzaust, es gelingt ihm, mit dem Zeigefinger seiner rechten Hand zu zeigen, in einer klaren Position, in der er nicht glaubt, dass er es war, dann sehen ihn fast alle Assistenten an und warnen ihn mit ihren Händen vor ihrer Vorliebe als Auserwählter.

Natalia, die eine Frau war, die im Haus des Weihnachtsmanns geholfen hat, steht auf und erklärt - Alberto, wir alle glauben, dass Sie es wirklich sind, die mit dem Weihnachtsmann gehen sollten, da Sie sein ewiger Begleiter und Freund seit mehreren tausend Jahren sind - dabei können Sie das Lachen aller spüren - außerdem werden Sie, da Sie sich sehr gut kennen, die verschiedenen Vorbereitungen koordinieren können, die geschehen müssen.

Fast ohne es zu merken, bittet Alberto mit nach oben gestreckter Hand um das Wort, und mit der vereinbarten Erlaubnis mehrerer Mitglieder steht er von seinem Stuhl auf und erwähnt - das überrascht mich wirklich, ich habe so etwas nicht erwartet, ich möchte offen sagen, dass ich darüber nachgedacht habe, aber in keiner Weise an der Idee festhalten, denn ich glaube, dass wir alle in irgendeiner Weise zur Sammlung unseres Freundes Nikolaus gehören. Für mich ist es eine Ehre, zu wissen, dass Sie an mich gedacht haben und dass Sie meiner Bereitschaft zu dieser großen Verantwortung vertrauen. Ich kann nur darauf warten, dass Sie, lieber Weihnachtsmann, diese Entscheidung akzeptieren oder nicht, um zu sehen, was zu tun ist - nach diesem Blick nach unten, als ob Sie nach dem genauen Platz Ihres Stuhls suchen und sich setzen würden -

19

Die Atmosphäre, die sich auf dem Tisch aufbaute, wurde für einige Sekunden angehalten, bis der alte Weihnachtsmann von seinem Stuhl aufstand und sprach - Als ich heute aufstand, fühlte ich mich sehr kalt, das konnte mir sicher nicht passieren, denn ich war derselbe, der gestern Abend daran dachte, hinauszugehen, um etwas abzuholen, als ich auf den Horizont blickte, unsere Nacht klar wie der Tag; So hatte ich Schlafprobleme, und da habe ich die Gelegenheit genutzt, um über meinen Gefährten nachzudenken, und die Wahrheit ist, dass ich dachte, dass jeder von Ihnen eine gute Wahl ist, aber die Tatsache, dass Sie sich für ihn entschieden haben, macht mich viel glücklicher, denn mit Ihnen, Alberto - sein Blick ist auf seinen Freund gerichtet - haben wir gemeinsam einen langen Weg zurückgelegt und es geschafft, mehrere Jahre zu verbringen. Ich möchte nicht auf diesen Gedanken eingehen, aber ich kann nicht umhin, zu sagen, dass ich Ihre Entscheidung akzeptiere, und ich fühle mich auch geehrt, eine so würdige Wahl als mein Begleiter zu haben. Deshalb danke ich Ihnen allen für Ihre Entscheidung und Ihr Vertrauen in das, was auf uns zukommt, danke –

KAPITEL III: *WERKZEUGE FÜR DIE REISE*

Der alte Weihnachtsmann begann sich zu setzen, als eine Dame mit einer schönen grünen Schürze mit rotem Rand um das Wort bittet und nach dem Abnehmen ihres Bechers, etwas weiter vorne, von wo aus sie sich befand, auf die Seele dieses Ortes und unseres Hauses hinweist, wo wir viele Jahre damit verbracht haben, Freude zu bringen, Vor allem für die Kinder sind Sie beide - mit dem Hinweis auf den Weihnachtsmann und Alberto - eine große Chance, eine Atmosphäre zu schaffen, die Sie beide nicht so sehr vermissen lässt, und in diesem Zusammenhang möchten wir Ihnen beiden ein kleines, aber bedeutendes Geschenk machen, dann steht eine Frau mit einem freundlichen Gesicht, aber mit sehr prüfenden schwarzen Augen, am Tisch, und nachdem sie alle am Tisch angesehen hat, macht sie eine Bewegung, um ihren Stuhl zu entfernen, wobei sie die Tatsache ausnutzt, dass sie ein paar Schritte in Richtung einer Couch macht, von natürlichem Aussehen, bedeckt mit Rentierhaut, und neben ihm ist eine Papiertüte zu sehen, die in ihrem Inneren etwas Inhalt verrät, und gleichzeitig nimmt ihre rechte Hand am Ende eine Art langen Stock auf, der nach und nach seine Gestalt zeigt, als er sich dem Tisch nähert.

Die schwarzäugige Frau, die Leonor heißt, atmet mit einer gewissen Sanftheit und sagt - ich möchte bekannt geben, dass die Damen dieses Ortes, wir sind zu sechst, für die Auswahl der genannten Geschenke zuständig waren, von unserer Freundin, die mir in der Rede vorausgegangen ist, ebenso wie Josefina - sie fügt sofort hinzu - wir alle hoffen, dass sie auf dieser langen und fragenden Reise die Kraft, das Taktgefühl und die Veranlagung für diese Erfahrung haben, um die unzähligen Episoden, die sie zu bewältigen haben, zu übergehen, und dafür haben wir geglaubt, dass es für Alberto notwendig sein wird - indem er seine Hand mit der Papiertüte in Richtung des Angedeuteten ausstreckt und alle darauf warten, dass er sie öffnet, fast ohne es zu wollen, gibt es absichtlich ein Schweigen und die Hände Albertos öffnen sich, um mit dem Öffnen der Tüte zu beginnen und damit das Geschenk einzuladen, um es vor dem so übereinstimmenden Tisch zu überreichen; Als das Objekt aus dem Sack kommt,

21

zeigen die Augen und Gesichter der Gäste verschiedene Positionen und Bewegungen, begleitet von niedrigen Gesprächen in Anspielung auf das, was gesehen wurde, bevor Alberto darauf hinweist - dies ist ein schönes Geschenk, ein Pole-Star, was für eine großartige Idee! - indem sie Leonor unterbricht und darauf hinweist - man könnte sagen, dass sie aus zwei großen Gründen gewählt wurde, zum einen, um beiden zu zeigen, dass wir in ihrer Heimat hier am Nordpol alle ihre Freunde des Lebens sind und dass wir jetzt auf sie warten   ! der Stern wird Sie daran erinnern, und der zweite Grund ist, dass Sie, wenn Sie jemals orientierungslos sind, nicht vergessen sollten, diesen Stern zu betrachten, der Ihnen wie Navigatoren in der Geschichte unseres Planeten geholfen hat, sich leuchtend zu orientieren, also vergessen Sie das nicht, besonders wenn Sie ihn mit Blick auf den Norden orten oder ein Objekt, ein Werkzeug, finden, Richtung oder alles, was eigentlich zu diesem Ort gehört und verloren gegangen ist - fast ohne Verzögerung schaltet Alberto seinen Posten ein und stellt den Stern nach Norden, nach einigen Sekunden ist deutlich zu sehen, wie sich das kleine Geschenk zu vergrößern schien, da es aus dem Nichts ein starkes Licht ausstrahlte, als ob es sich so, also nach Norden, besser anfühlen würde. Die Teilnehmer waren beeindruckt und gleichzeitig glücklich über ein so gelungenes Geschenk.

Sofort nimmt Leonor, bevor irgendjemand etwas fragt, ein langes Stück Holz und reicht es dem alten Heiligen, der es fast unverständlich mit seiner rechten Hand auffängt und es für alle sichtbar hochhebt, während er es mit seinen Augen betrachtet, wie es geschmiedet wurde. Der lange Stock, er war hell hellbraun, er war schwer, er war von Hand gedreht worden, aber nur mit kleinen Werkzeugen, wie Raspel, Glas, Pinsel und vielleicht etwas Hohlmeißel. Man konnte sehen, wie ein Pinsel mit irgendeiner Art von Lack sein Ziel erreichte, nämlich die Erhaltung der ursprünglichen Farbe. Als er versuchte, tiefer in einige Holzoberflächen einzudringen, musste der alte Weihnachtsmann den Blick nach vorne richten und auf Leonor schauen, der kommentierte - liebe Freunde dieser kalten Orte, wir wollten unserem Freund Weihnachtsmann einen Stock als Reisegeschenk geben, aber einen ganz besonderen, denn er ist aus Toromiro-Holz gefertigt, das bekanntlich der offizielle Baum unseres

Ortes, des Nordpols, ist und den Weihnachtsbaum darstellt, der zu diesem Zeitpunkt in viele Häuser der Welt eindringt. Die Botschaft, die Sie erhalten, gut genannt Santa Claus, ist, Ihnen zu sagen, dass, da der Stock von jedem Mitglied dieses Ortes vorbereitet wurde, wir möchten, dass Sie wissen, dass, wenn Sie gehen, wohin Sie gehen, wir alle mit Ihnen gehen, und dass, wenn das Schicksal Sie stolpern oder fallen lässt, dieses Holz immer an Ihrer Seite sein wird, um Sie zu halten oder Ihnen beim Aufstehen zu helfen, Vergessen Sie nicht, dass er in der Lage ist, sich unter extremen Bedingungen zu erheben, wie hier am Nordpol, wo es fast kein Land gibt, und durch die sorgfältige Arbeit an seinen Konturen, wie auch seine Schnitzerei, bedeutet, dass er, wenn Ihnen das Licht fehlt oder Sie an einem Ort oder Raum ohne Ausgang sitzen, mit seinen fein gearbeiteten Konturen den Weg oder das Licht suchen kann, das Sie brauchen; Wir möchten Ihnen auch sagen, dass der Knauf des Stockes die Besonderheit hat, dass, wenn Sie ihn nehmen und etwas von ganzem Herzen wollen, er Ihnen helfen kann, das zu bekommen, was Sie wollen, aber nur für außergewöhnliche Gelegenheiten wurde dieses Geschenk in Ihre weisen Hände gelegt, und wir wollen, dass es dort bleibt. Er sagte dies und hielt, wenn nötig, inne und notierte den Höhepunkt seiner Worte - es vergingen einige Sekunden, in denen sich niemand bewegte oder blinzelte, bis der Mann mit den langen weißen Haaren mit einem schwachen Lächeln seine linke Hand über sein Kinn führte, Rede - das lässt mich nicht in der Lage sein, ein richtiges Gespräch zu führen, denn selten habe ich ein so symbolisches Geschenk erhalten, und das Beste ist, dass alles, was Leonor sagt, das zusammenfasst, was wir im Laufe der Jahre aufgebaut haben, wie z.B. die Pflege unserer Nächstenliebe und das Angebot unserer Ressourcen zum Wohle desjenigen, der sie erhält. Ich werde aufrichtig mit Ihnen sein, ich habe nie ein solches Geschenk erwartet, ich weiß nicht, ob ich es verdiene, aber seien Sie versichert, dass es mir gut dienen wird, denn ich habe erkannt, dass mich mein altes Herz und meine Beine mit der Zeit mehr als einmal gewarnt haben, dass ich bereits einen Stock brauche und dieser zu diesem Zeitpunkt zu mir passt, und wenn Sie von nun an mit mir gehen werden, werde ich wissen, dass Sie in diesem Stück Holz sind, das mich in fernen Ländern dazu bringen wird, mich zu beeilen und Ihnen alles zu erzählen, was passiert ist. Deshalb kann ich Ihnen allen nur für die Geste danken und hoffen, dass wir bei diesem neuen Vorhaben, das wie das Ihre ohne unsere Unterstützung zwanzig Tage dauern wird, gut vorankommen werden, und dasselbe gilt für uns, die wir uns auf die Suche nach Antworten begeben werden, um unsere Mission auf dieser Erde besser zu verstehen, ich danke Ihnen, dass Sie mir einen so angenehmen Moment beschert haben, und ich habe nur Worte und Wünsche des Dankes für Sie - das ist vorbei, Er trennt seinen Stuhl ein wenig, und ohne dass er etwas sehen oder hören muss, nähert er sich Leonor und streckt beide Arme aus, um sie in Frieden und Dankbarkeit zu umarmen, eine Bewegung, die von allen Anwesenden sofort aufgegriffen wurde, für die beiden Menschen, die bald eine Reise in die unbekannte Welt der Menschen antreten werden.

Als die Teilnehmer gemeinsam die Initiative ergriffen, sich in ihre Häuser zurückzuziehen und mit dem Abschiedsritual zu beginnen, konnte man sehen, dass Alberto wie bei der vorherigen Sitzung am Ende bleibt, aber nicht auf seine übliche Tournee geht, ebenso wie die Fütterung der Rentiere und Hunde der Region, aber mit dem Ziel, diesmal die Tür von innen zu schließen und den Alten Weihnachtsmann anzuschauen und ihm zu zeigen - es war ein guter Anfang, denn wir werden in dieser Ihrer Vorstellung, an die ich mich gewöhnen musste, zusammen sein, und noch mehr jetzt, wo man unter uns allen beschlossen hat, dass wir beide die "Reisenden des Pols" sind, was halten Sie von all dem zwischen uns? - Der Weihnachtsmann stand noch immer am Tisch und machte eine Bewegung, als wolle er erklären, dass er im Denken geblieben sei, indem er - wenn es natürlich trotz der Kälte ein guter Tag ist, wie auch immer wir ohne es zu wissen, die enorme Wertschätzung aller unserer Kollegen in dieser großen Einsamkeit klären konnten, ich bin sehr glücklich und froh zu wissen, dass ich geliebt werde und dass sie sich um uns Sorgen machen. Ich sage Ihnen ganz offen, als ich mich entschied, dorthin zu gehen, wohin Sie mich begleiten werden, habe ich nicht an sie gedacht, aber sie haben es getan; dass ich das Leben vermisse, das lässt mich in meiner speziellen Analyse immer kleiner werden, denn heute habe ich wieder eine Belehrung erhalten und in dem Alter, in dem ich sie erhalten habe, lässt mich das, was passiert ist, nachdenken und nachdenken, dass ich noch einige Dinge lernen muss

24

und das für mich peinlich sein kann, aber gleichzeitig gibt es mir eine Art Ruhe und einen Impuls, weil ich aufmerksamer sein muss, um nicht wieder überrascht zu werden, Ich soll derjenige sein, der lehren soll, und diesmal war es nicht so, was meiner Meinung nach logischerweise gut akzeptiert wird - ich habe das fertig gesagt, fügt Alberto hinzu - nun, es ist anscheinend alles klar gemacht worden, dann bleibt uns nichts anderes übrig, als hart zu arbeiten für all diese Monate, die uns noch bleiben und im Dezember vor der Herausforderung stehen, die wir gemeinsam gehen werden - so wird es sein - sagte schüchtern der Weihnachtsmann.

Die Morgendämmerung eines Juli-Tages, die der Nacht sehr ähnlich schien, vielleicht das Vorhandensein einer schwachen, aber vergrößerten Leuchtkraft, machte den Unterschied zu dem damals beleuchteten Mantel der Polarnacht fast nicht wahrnehmbar.

Die Rentierherde lag noch immer im Liegen, als in der Ferne ein vertrautes Geräusch das führende Männchen dazu brachte, seine Nase zum Himmel zu heben, als ob es nach dem Ort des Geräusches suchte, dann blieb es stehen und gab mit seinem Maul ein Warngeräusch von sich, das die anderen Tiere schnell aufstehen ließ. Alle Köpfe mit ihrem schönen Geweih wurden in der Ferne als echte Bäume gesehen, die sich infolge des feinen Schneesturms, der damals über den Ort hinwegfegte, bewegten.

Tatsächlich waren die Verantwortlichen für das Geräusch, das die Rentiere aufsteigen ließ, eine Gruppe von Hunden, die mit ihrem Bellen vor der Ankunft eines ganz besonderen Schlittens warnten, denn darin befanden sich zwei Männer, darunter Alberto, der, in rehbraune Lederjacken und Robbenlederhosen gekleidet, die Karawane erregte und dann langsam in der Nähe der Rentiere anhielt, die sich nervös, aber freundlich zu den plötzlichen Besuchern bewegten.

Als der lange Schlitten mit den vier Hundepaaren und seinen Insassen anhielt, stieg Alberto aus und schaute die Tiere an, die ihn beobachteten. Er gestikulierte zu seinem

Begleiter, einem kleinen, schwarzhaarigen, fröhlich aussehenden Mann, der eine Kaninchenwollmütze trug, die ihm nur erlaubte, seine intensiv grünen Augen zu sehen, die, wenn sie beobachtet wurden, ruhig und offen waren. Mit scheinbar bereits geübter Geschwindigkeit sprang Ramon aus dem Wagen, holte eine Leinwand heraus, die eine Ladung bedeckte, die, wenn sie freigelegt war, das Rentier als Ganzes auf den Mann zu bewegte, der mit seinen Händen auf dem Boden etwas ausbreitete, was bei ihnen sehr gut ankam, Es war konserviertes Gras, das den Tieren gebracht worden war, damit sie den letzten Wintermonaten, die härter waren und wegen der natürlichen Abnutzung durch die geringe natürliche Nahrung und auch von den Müttern, die sich darauf vorbereiteten, kleine Nachkommen der Rentiere zu gebären, die eines Tages die großen Rentiere ersetzen würden, entgegensehen konnten.

Ramon deutet mit liebevoller Stimme an, das Rentier anzuschauen - essen Sie vorsichtig! es gibt für jeden etwas, Sie müssen auch für den Nachmittag vorbereitet sein, es wird seine zweite Ration kommen -
Nachdem er dies getan hat, nähert er sich dem älteren Rentier und streichelt ihm den Rücken - alter Graf, Ihnen ist im Winter fast nichts passiert, Ihr Haar ist etwas unordentlich und es scheint, dass sogar Ihr Hinterbein sich erholt hat, Sie sind ein unglaublicher Freund - er distanziert sich ein wenig von den Tieren, die gefressen haben, und wendet sich an Alberto, der ihn aufmerksam ansieht - ich nehme an, Sie haben bemerkt, dass es allen Rentieren im Allgemeinen gut geht, Vor allem "der Graf", der ziemlich gut aussieht, nachdem seine Pfote letztes Jahr so betroffen war - sagt Alberto mit langsamer Stimme -, ich habe keinen Zweifel, dass ich, wenn ich sie so sehe, wie sie sind, nur sagen muss, wie gut sie aussehen, natürlich ist es Ihre Arbeit, Sie haben sich zu sehr darum gekümmert, und das spiegelt sich im Körperbau der Rentiere wider, sie könnten nicht besser sein - Ramón fügt hinzu - ich habe Tiere immer gemocht, das kann ich nicht leugnen, denn ich bin sicher, dass die meisten von ihnen kamen, um domestiziert zu werden, natürlich hatten sie bei uns wenig Erfolg; Er schaut seitlich auf den Grashaufen, den er für die Rentiere übrig gelassen hatte, und stellt fest, dass sie ausgehen, also sagt er - es ist gut, dass wir zurückgehen, der Schneesturm wird

immer stärker und wir müssen uns bedecken, die Tiere sind gefüttert worden, also gehen wir!

Der Spaziergang der Hunde auf dem Eis und ihr Bellen waren zusammen mit dem Geräusch des Windes, der den Schnee mit sich riss, die einzigen Geräusche, die die große Ruhe dieses gefrorenen Gebietes aufhellten. Etwas ruhig, Alberto, dreht er sich nach links und sieht einen Ramon, der mit dem Kopf gegen seine beiden Hände auf dem Schlitten kauert, dann sagt er: "Stimmt etwas nicht mit Ihnen? - Darin scheint Ramon aufzuwachen und zu antworten - Ihre Reise hat mich beunruhigt, und es geht eher um die Tiere, da Sie zwei Reisen mit einer Ruhezeit von nur 20 Tagen machen müssen, die es vorher noch nie gegeben hat; meine Frage ist, ob Sie dem widerstehen können. - Trotzdem schaute er Alberto an, als warte er auf eine Antwort - ich würde mir nicht so viele Sorgen machen, denn bis Dezember wird es ihnen viel besser gehen, und mit Ihrer Aufmerksamkeit werden sie die Situation retten können - mit einer gewissen Sparsamkeit, wie Ramon sagt - ich hoffe, es ist so, hoffentlich ist es so, wie Sie sagen -, dass der Schlitten einen kleinen Sprung macht, Produkt eines Unterschieds im Niveau des Eises, mit dem eine schnelle Bewegung des rechten Handgelenks von Ramon erzeugt wird, um den Zügel zu straffen, der das Hundepaar führte, das ihren Schritt ein wenig verlangsamte und in den Körpern der Männer eine angenehme Spur von Geschmeidigkeit hinterließ.

Die Ankunft zu Hause im Laufe des Vormittags, auch am Nachmittag, war immer die letztere scheinbar schneller, jeder wollte sich von der Arbeit des Tages ausruhen, aber es war mehr von denen gewünscht, die gehen mussten, um die Rentiere zu füttern. Wie die Hunde es scheinen ließen, waren Toby und Cholo die älteren Sibirier, die für ihre Stärke, ihren Körperbau und ihre Freude respektiert wurden.

Sobald Ramon aufhörte, die Seile loszulassen, die seine Rüstung am Schlitten hielten, drehten sich die beiden Hunde um ihren Herrn und erhoben sich mit ihren Vorderpfoten über die stilisierte Figur, die sie befehligte, und begannen, mit ihren Händen und dem

Gesicht mit der Zunge zu laufen, als sie diese unbedeckt vorfanden. Mehrmals war Ramon in Schwierigkeiten, weil seine Hunde ihn mehrmals auf der Eisplatte gelandet hatten und das Aufstehen eine Fertigkeit war, die lange dauerte, um anzukommen. Offensichtlich wurde dies von vielen Freunden Ramons erwartet, die fröhlich zusahen, wie der Mann mit den grünen Augen seine Mütze zog und sie gegen seine Hunde peitschte, in einem Akt, der aus der Ferne zu schlagen schien, der aber nichts weiter als ein deutliches Zeichen der Zuneigung und der Erinnerung an eine Zeit war, die jetzt fast vergessen war, ebenso wie seine Kindheit.

Ramon, der mit seiner Mütze vorrückte, peitschte sie gegen seine Beine und sprach laut, wandte seinen Blick auf die Ursache seiner unzähligen Stürze - eines Tages werden diese beiden Hunde dafür bezahlen, was für Hunde noch! sie sind unwürdig, also lassen sie mich! nach so viel Fürsorge für sie - Jetzt etwas ausgeruht hinter dem Tor des Ausgangs der Region, lässt er seine Arme auf die Stämme fallen, die horizontal ihren Gebrauch anzeigten

wie ein Zaun, reinigt er seine Ansichten und lenkt sie auf seine Hunde und Gemurmel - es sind gute Hunde, ohne sie wären wir alle hier in großen Schwierigkeiten, ich bin ein glücklicher Mann, sie zu haben - das heißt, er dreht sich um und beginnt, wie die anderen, den Weg, der ihn zu einer regelmäßigen Ruhepause führen wird, besonders wenn die Sonne ihren Platz bereits dem Mond überlassen hat, der in dieser Zeit dieselbe Bedeutung zu haben scheint, basierend auf der Leuchtkraft, die die Nächte des Monats Juli in der Arktis erfüllt.

Sie waren in den ersten acht Stunden des Montags vorgerückt, als die Tür des Haupthauses geöffnet wurde und der alte Weihnachtsmann erschien, die kleine Treppe hinunterging, seinen roten Mantel, seine schwarzen Stiefel in der Ferne, die ebenso glänzten wie sein gleichfarbiger Gürtel, aber er rückte ein paar Schritte vor und ein Teil seiner Stiefel verschwand durch die Schneedecke, die die Straße immer gut erhalten hatte.

Die etwas langsamen Schritte, als ob sie einen Sturz verhindern wollten, gehen weiter bis in die Nähe des großen Hauses, das als "Schreinerei" bekannt war, die Tür scheint von zwei kräftigen Schlägen zu wackeln, nach einigen Sekunden hört man kürzere, aber schnellere Schritte, die einen glauben lassen, dass jemand die Tür öffnen muss, in dem Emilio erscheint, der mit einer gewissen Eleganz einen so angesehenen Besucher herein bittet, ruft der Alte Heilige - Wow, Wow! dass Sie früh aufgestanden sind, Emilio, ich kannte diese Eigenschaft von Ihnen nicht und schaue es mir an, vielleicht warte ich auf eine Reaktion, dann weist der Angedeutete darauf hin - ich bin immer sehr früh aufgestanden, aber hier ist die Überraschung durch Ihren frühen Besuch gegeben, wie können wir Ihnen helfen? fügte Emilio hinzu - zu der Frage schaut der alte Mann mit den langen weißen Haaren zur Seite und fügt hinzu - ich muss nur informiert werden und mir zeigen lassen, wie die Produktion von Spielzeug läuft, und dafür muss ich mit dem Verantwortlichen sprechen - wenn Emilio von oben im Gebäude, in einer Art drittem Stockwerk durch ein Holzgeländer, antworten wird, man sieht die Nähe der Person zum Besucher, der bereits in seinen Spuren stehen geblieben war, natürlich konnte man bei der Annäherung der Figur sehen, wie schnell er seine Schritte machte, aber gleichzeitig spiegelte sich in seinem glatten und frischen Gesicht die Freude wider, die auf seinem glatten und frischen Gesicht keimte, war Leonor, der sich ihm lächelnd näherte - was für eine Freude, ihn heute so früh zu sehen, und was ihn in diese Gegend bringt., sagt die Dame mit fester Stimme, davor antwortet der alte Weihnachtsmann - ich hatte vergessen, ohne es zu wollen, dass Sie hier für die Herstellung von Spielzeug zuständig sind und übrigens, wie gehen wir damit um, die Frau geht freundlich auf den Mann zu und sagt - na ja, praktisch sind wir ja schon im August und wir glauben, dass wir mit dem beantragten Betrag etwas im Rückstand sind, aber wir werden im Laufe des Monats zwei Schichten machen und wir werden uns auf den neuesten Stand bringen können und damit wird es nicht an Spielzeug mangeln können, für die Bestellungen, die in diesem Jahr eingegangen sind.

KAPITEL IV: *EIN ENTSCHEIDUNGSSCHREIBEN*

Der alte Weihnachtsmann macht ein paar Schritte und geht zurück und kommentiert - ich weiß in der Tat, wie fleißig diese Sektion ist, also weiß ich, dass es keine Probleme geben wird, was mich interessiert, ist, ob wir am Tag unserer Abreise mit voller Ladung unterwegs sein werden, und andererseits möchte ich wissen, wen ich wirklich besuchen sollte, um meine Handlungen zu kennen und gleichzeitig wissen Sie, wo ich in diesen Tagen sein werde. Leonor, als ob sie alles wüsste, was gefragt wurde, ohne zu zögern antwortete sie - über die Geschenke, die sie annehmen müssen, diese werden keine Probleme mit der Menge und dem Gewicht für den Transport haben, dennoch für die Wahl der Familien, die Sie am Weihnachtstag besuchen wollen, möchte ich Ihre Vorliebe wissen, und diese könnte in den Tausenden von Briefen, die die Kinder der Welt uns geschickt haben, einige auswählen wollen? - Die Augen des Mannes schauen auf die Frau und mit einem klaren Lächeln ruft er aus - wie gut, dass sie noch nichts entschieden haben, das hat mich beunruhigt, jetzt, wo ich weiß, was Sie mir mitgeteilt haben, bitte ich Sie, nur vier Karten für den Heiligabend und den Schlitten mit den Geschenken zu reservieren, die ich an die Beteiligten der Karten verteilen muss, wo ich vor der Familie und den anderen Geschenken wie Süßigkeiten, Kekse, kleine Pralinen voll präsent sein muss, wird für alle anderen 19 Tage, die wir in der gewählten Stadt sein werden - der alte Weihnachtsmann hält inne, als ob er etwas mehr Luft schnappen würde, und macht weiter -, bevor er seine Rede beendet, Leonor ich habe vergessen, Sie um einen großen Gefallen zu bitten, finden Sie mir den Brief oder die Notiz, die ich in Ihrer Zeit geschrieben habe, um nicht die Einzelheiten der Familie zu vergessen, in der der Vater die Wahrheit sagen musste, dass er der Weihnachtsmann oder der alte Pascuero war, und deshalb war in der Familie klar, dass Weihnachten von da an eine andere Richtung einschlagen würde, was den Zauber dieser besonderen Nacht betrifft, können Sie danach suchen? - In diesem Leonor aus ihrer weißen Schürze, die ein Paar mit moosgrünem Faden fein bestickte Taschen zeigte, nahm sie ein leicht gefaltetes Stück Papier heraus und streckte es auf den alten Mann mit langen weißen Haaren aus und sagte - ist dies das Schreiben, das sie in Betracht ziehen möchte? - Die Bewegung der rechten Hand des alten Weihnachtsmanns, noch nie zuvor an diesem Morgen, war so schnell gewesen, aber dieses Mal tat er es, um das überreichte Dokument zu fangen; ein wenig ratlos über die Effizienz und Effektivität der Dame, gelang es ihm, sie anzuschauen, und mit einer heiteren Stimme sagte er - Frieden und Nervosität, die Sie mir in diesem Moment vermittelt haben, denn diese Notiz war es, die mich nachdenklich machte und versuchte, diese Reise zu machen, die jeder schon kennt, aber mehr als das ist es, in diesem Jahr bei dieser Familie sein zu können, wenn es für sie nicht mehr das Weihnachtsfest von vorher sein wird, verstehen Sie mich? Leonor geht zu ihrer Rechten, geht zu einem alten Holztisch, der am Eingang des Hauses stand, holt eine der Schubladen heraus und sagt ihr - in dieser Schublade haben Sie diesen Brief oder Zettel liegen lassen, und als ich eines Tages beim Aufräumen den Ort aufräumte, an dem ich ihn gefunden hatte, dachte ich sofort, dass es nicht irgendein Dokument sei, also behielt ich es, weil ich wusste, dass ich eines Tages danach fragen würde, bitte prüfen Sie es, wird es das richtige sein? - Der alte Weihnachtsmann, konnte sich nicht aus seinem Staunen befreien, er schaute auf das Papier, das seine großen Hände enthielten, er hob für einige Sekunden die Augen und begann dann langsam, es zwischen seinen Fingern zu entfalten, dann nahm er eine Brille aus der Kleidung und schaute auf die Schrift, nach kurzer Zeit hob er die Augen und schaute die Frau an, und mit einem Lächeln näherte er sich ihr und sagte - das ist in der Tat das Dokument, das ich verlange - dann fügte er hinzu - lieber Freund, ich bin beeindruckt von Ihrem Verhalten, Ich kann Ihnen nur danken für das, was Sie getan haben, und vielleicht könnten Sie mir angesichts der Größe Ihrer Leistung, wenn es die Zeit erlaubt, einen Rat geben, falls Sie Lust haben, um unseren Aufbruch besser vorzubereiten - wenn Sie das sagen, sucht sie mit den Augen nach der Tür, sie macht einen kleinen Respekt und dreht sich um, um den Ausgang zu suchen, Leonor schaut ihn an, und angesichts der Bitte, die sie gestellt hat, kann nichts antworten, aber sie weiß, dass sie mit ihrem Schweigen die Annahme gewährt hat, angesichts dessen, was vorgeschlagen wurde.

Die Tage waren länger und die Nächte kürzer geworden, fast niemand hatte es bemerkt, außer Alberto, der immer wusste, was meteorologisch gesehen passierte, da er wusste, was er dachte - bald werden wir über der Frühlings-Tagundnachtgleiche sein und von dort aus nur noch einen Schritt in Richtung Weihnachten gehen, Wir müssen uns beeilen, damit wir nicht in letzter Minute alles vorbereiten - so kam er beim Zimmermann an, klopfte an die Tür und ging hinaus, um Leonor zu finden, die in ihrer Schürze mit viel Staub, dem Produkt der Arbeit mit Holz, ein wenig Schütteln und Beratung, zu finden - was bringt Sie hierher, Alberto? - Der etwas nervöse Mann antwortet - ich habe mir überlegt, dass die Reise fast vorbei ist, und ich möchte wissen, wie es mit dem Zeitplan läuft - Leonor schaut auf, legt die Arme auf die Hüften und sagt - es scheint, dass Sie beide sich auf den Weihnachtsmann geeinigt haben, denn er kam vor ein paar Tagen hierher und fragte dasselbe; Es bleibt mir nur noch zu sagen, dass alles so sein wird, wie es sein soll, denn an dem Tag, an dem es erforderlich ist, damit meine ich die Geschenke, die Sie annehmen müssen - Alberto, nachdem er ihr zugehört hat, lächelt und hebt seinen rechten Daumen als Zeichen guter Akzeptanz, fügt hinzu - ist es nicht leicht, was kommt, und das Ideal ist, mit allem sehr gut vorbereitet zu gehen, und meine Aufgabe ist es, dafür zu sorgen, dass dies so gipfelt, wie es sein soll, d.h. dass es keine Rückschläge gibt -

Eines Morgens in den frühen Tagen des Septembers verlässt Alberto, etwas spät, wie es scheint, seinen Frühstückstisch serviert und geht auf die Straße, wobei er beim Spaziergang eine ziemlich warme Jacke anzieht, weil das Rentierfell so gut geformt ist; Als er vorrückte, merkte er, dass der Weg für den Schlitten bereits mit einer Schaufel gebaut worden war und der, den er trug, ihm nicht mehr dienlich sein würde, weil die Arbeit bereits getan war, was ihn ein wenig aus dem Gleichgewicht brachte, aber er setzte seinen Weg zu dem Schlitten fort, der bereits in der Ferne zu sehen war, mit der Ladung, an der sich das Rentier so sehr erfreute, wurden seine Augen jedoch nach und nach auf ein Bündel fixiert, das sich auf der linken Seite des Transportfahrzeugs befand. Als er die Strecke verkürzte, konnte er sehen, dass es Ramon war, der sich hinhockte und einen Hund streichelte; als er an dem Ort ankommt, den er grüßt und fragt - Ramon, was ist los, ich sehe, dass es Toby ist, der auf dem Boden liegt, was ist mit dem Vater aller Hunde los? - Als der Mann mit den grünen Augen in der Hocke war, steht er mit ein wenig Mühe auf, es scheint, dass seine Knie durch diese Bewegungen gestört werden, also wendet er sich der Person zu, die die Frage gestellt hat, und antwortet langsam - ich weiß nicht, ob Sie es bemerkt haben, aber ich bin heute früher aufgestanden als an anderen Tagen, weil ich Toby seit einigen Tagen beobachte, und wegen seines langen Alters und der Strapazen, die sein Körper vor allem durch das Wetter erlitten hat, zieht das Leben an ihm vorbei, und er will ihm keine weiteren Tage zum Arbeiten leihen, aber dieser unbezähmbare Sibirier gibt nicht auf, Ich weiß nicht, wie er es macht, dass er sein Nachttau aufbindet und sehr früh zum Schlitten kommt, als wollte er mir sagen, dass er immer noch die Herde in diesem Fahrzeug befehligt, es ist sehr lobenswert, was er tut, aber seine Beine widerstehen nicht mehr der Härte des Eises den ganzen Tag, abgesehen vom Wind, der Schnee und die Kälte haben ihn zu dünn gemacht, auch wenn er gutes Futter bekommt - er hält in seiner Stimme inne und macht dann weiter - ich will ehrlich sein, ich mache mir große Sorgen um meinen Hund, wir sind seit vielen Jahren zusammen und ich mag nicht, wie er aussieht - wenn er sagt, dass seine Stimme aufhört, Ich würde also vorschlagen, ihn an einem seinem Rang entsprechenden Platz einzusperren, wo er sich wohlfühlt und vielleicht ein wenig erholen kann, bis der Winter vorbei ist. Ich würde ihm individuelles Futter geben, und seine Pfoten könnten tierärztlich behandelt werden, und ich würde sie in Leder einwickeln, Ich weiß nicht, was seine Extremitäten schützen würde - in Anbetracht dessen, was Ramon sagt - ist der Vorschlag in diesem Moment das Vernünftigste, aber ich werde das Seil gegen eine Metallkette austauschen müssen, damit er nicht zubeißen und sich so losbinden kann - sofort nachdem er seine Hand über den Rücken des Tieres geführt hat, beginnt er, an einem Seil zu ziehen, als ob er den treuen Hund zwingen würde, zu seinem Ruheplatz zu gehen, der eine ziemlich große Hundehütte war, in der manchmal zwischen sechs und acht Tiere untergebracht waren. Sobald die Aktion beendet ist, beginnt Ramon einen kurzen Trab zum Schlitten und zusammen mit Alberto beginnen sie, Grasballen zum Transportfahrzeug zu bewegen, das als Richtung den Platz hat, an dem sich die Rentiere befinden.

33

Gegen Ende September konnte man die Beschleunigung der Arbeit der verschiedenen Charaktere feststellen, die dem Weihnachtsmann immer auf die eine oder andere Weise halfen, man konnte Menschen beobachten, die sich Sorgen machten, ob sie vorankommen und alles erreichen würden, was programmiert worden war. Die oben genannten Indikatoren wurden deutlich gesehen, als die Häuser in der Morgendämmerung ihr Licht einschalteten, als Zeichen dafür, dass die Menschen sehr früh aufstanden, um zur Arbeit zu gehen.

Als die letzten Lichtstrahlen des ersten Oktobersamstags zu Ende gingen, hielt Eleanor auf dem Heimweg ihren schnellen Spaziergang an und schaute auf den Horizont, schaute dann auf die Zeit und legte plötzlich ihre Hand an den Mund, als wollte sie ihn bedecken und rief - kein Wunder, dass es mir gestern subtil schien, dass die Nacht kam! und natürlich ist es, weil sich nach und nach die Polarnacht nähert, bald werden wir fast kein natürliches Licht mehr haben - nachdem er dies zu Ende gesagt hat, nahm er seine Augen aus der Unermesslichkeit des sichtbaren Horizonts heraus und wendet sie auf die Spur, die dem Weg folgt, auf sein erwartetes Zuhause.

Nicht weit davon entfernt war Ramon sehr warmherzig, der ihn fragte - warum haben Sie dort so nahe an den Holzarbeiten angehalten? Die Frau antwortete - ich habe erkannt, dass uns bald die Polarnacht besuchen wird, und Sie wissen, was das bedeutet, aber abgesehen davon sind wir bereits gegen die Zeit, alles für Weihnachten vorzubereiten - Ramon ist fast ungerührt von der Erklärung sagt -, dass gut, dass Sie mich gewarnt haben, ich werde mit der Mission der Fütterung des Viehs fortfahren müssen, besonders am Nachmittag, und mir andererseits mehr Sorgen um die Genesung meines Hundes Toby machen müssen, die, wie ich sehe, bis heute weniger von den fast üblichen Tagen genießen werden - die beiden verabschieden sich und machen nach einer Weile getrennt Bewegungen mit den Füßen auf Holzbänken, die sich beim Aufprall aus dem Leder ihrer Schuhe etwas Schlamm, vermischt mit dem

Schnee des Ortes, herausziehen und so relativ geeignet sind, um in ihre jeweiligen Wohnungen zu gehen.

Nach einigen Tagen im Oktober sehen wir wieder einige Mitglieder des Weihnachtsdorfes, die auf das Haus des Weihnachtsmanns zugehen. Einer nach dem anderen betreten sie das alte Haus und beginnen, sich um den großen Eichentisch herum zu positionieren. Alle reden über verschiedene Themen und man merkt keine Ordnung, da erscheint der Mann mit den langen weißen Haaren, der Weihnachtsmann, der die Besucher nacheinander begrüßt und dann zum Kopf des Tisches geht, nachdem er seinen Stuhl mit den Initialen seines Namens auf dem Kissen arrangiert hat, Er sagt - ich habe nach Ihnen geschickt, weil ich ihm etwas mitteilen muss und wissen muss, welche Schritte wir bei dem, was uns im Dezember erwartet, umsetzen müssen -, nachdem er dies gesagt hat, geht sein Blick über alle Anwesenden und er verströmt einen schlechten Geschmack und weist auf das Folgende hin - kann jemand Ramon suchen gehen?, sagen Sie ihm, dass er gebraucht wird. Natalia steht auf, geht schnell zur Tür und weist ihre Schritte an, um nach dem Verantwortlichen zu suchen. Nach ein paar Minuten findet Natalia den Mann, auf den sie hingewiesen wird, macht ihn auf die Notwendigkeit aufmerksam, dass er an der Sitzung teilnehmen muss, und sofort werden die beiden Personen gesehen, die zum Haus gehen, in dem sich der Großteil des Personals befindet.

Natalia tritt ein, betritt zuerst das Gehege, dann Ramon, der beim Eintreten sofort seine Wollmütze abnimmt und nach einer liebevollen Begrüßung aller Teilnehmer sieht, wie Leonor ihm freundlicherweise einen eigens für ihn mitgebrachten Holzstuhl mit einem schönen Kissen aus roher Schafswolle bringt. Als er mit fragendem Gesicht dasitzt, sagt er - was ist der Grund für diese Einladung? - in dem der Weihnachtsmann mit verschränkten Fingern auf dem Tisch liegt und ihm sagt - Ramon hatte vergessen, Sie richtig zu zitieren, aber nachdem ich Ihnen für Ihren Willen und Ihre Zeit, bei uns zu sein, gedankt habe, möchte ich Ihnen sagen, dass wir nur wissen wollen, wie es den Tieren geht, die uns auf der Reise begleiten werden, sind sie für eine solche Odyssee

35

richtig vorbereitet? was ist nötig? Ich möchte auch, dass Sie und die Anwesenden wissen, dass ich mir wünsche, dass Sie mich am Weihnachtstag als Weihnachtsmann ersetzen, der natürlich an der Reihe sein wird, die Geschenke zu tragen und zu verteilen, wie es in der Wegbeschreibung heißt. Ich sage Ihnen das, weil wir mit Alberto auf festem Boden stehen und unserem Weihnachtsabenteuer entgegensehen werden - nachdem er dies gesagt hat, lässt er die Hände auf dem Tisch und legt sich auf die Stuhllehne. Es herrschte eine fast unmerkliche Ruhe in der Atmosphäre, wäre nicht ein unfreiwilliger Husten ausgestoßen worden, würde man meinen, dass jeder eine leichte Reaktion von Ramon erwartete, doch dieser Mann bemerkte einen langen Seufzer, der mit ruhigen Worten unterstützt wurde - Sie haben mich angenehm überrascht, Weihnachtsmann, Ich habe mir diese Ehre nie vorgestellt, und ich sage Ehre, weil ich neben der Führung meiner eigenen Tiere, die mein Leben sind, die Aufgabe habe, eine Last zu tragen, die das Glück so vieler Kinder mit sich bringt, die mich bewegt und mir Freude bereitet - ihre grünen Augen sind mit der Zeit schon ein wenig angeschlagen, sie scheinen größer zu werden, sie fühlen sich ein wenig nass, eine Situation, die ich versuche, durch den Blick nach unten zu verbergen. Da sagt der Weihnachtsmann, um mit dem Moment umzugehen - warten Sie! Ich möchte Sie auch bitten, dass Sie uns an den Ort bringen, den wir uns aussuchen, und dann auch nach uns suchen, was meinen Sie? Hier sagt Ramon, heiterer, - ich habe keine andere Wahl, als diese Verantwortung zu übernehmen, aber ich möchte jetzt meine Dankbarkeit ausdrücken, für das Vertrauen, das mir für diese Aufgaben entgegengebracht wird; ich werde tun, was ich tun muss, damit alles gut wird - es ist bekannt, dass es so sein wird, und danke dafür, Ramon, sagt der Weihnachtsmann - sobald das vorbei ist, hebt Emilio die Hand und fragt - wie viele Tage werden Sie laufen? und wann gehen Sie? - Vor der Konsultation trägt der alte Weihnachtsmann seine beiden Hände auf dem Nacken gekreuzt und erklärt mit angehaltener Stimme - wir haben zusammen mit Alberto beschlossen, am 7. Dezember zu fahren, um den 25. dieses Monats zu werden, aber wir werden mit Dunkelheit nach Hause kommen, da wir die Anwesenheit der Polarnacht vorfinden werden, die, wie Sie bemerkt haben werden, Er hat uns bereits einige Warnungen vor seiner eventuellen Anwesenheit an diesen eisigen Orten gegeben, aber

36

das macht nichts, denn wir werden uns wieder sehen, und ich nehme an, wir werden die ganze Nacht Zeit haben, um unsere Geschichten in fremden Ländern zu erzählen, das war alles, was ich Ihnen mitteilen wollte - nach den Worten, die die Anwesenden von ihren Sitzen zu entfernen beginnen, um sich zurückzuziehen, als plötzlich der Weihnachtsmann in einer gewissen Eile nach Ramon sucht und ihn fragt - wie geht es Toby?- In diesem Moment dreht sich Ramon langsam um, schaut den Mann an, der fragte, und sagt ruhig - er hört nicht auf, sich uns anschließen zu wollen, aber ich sehe ihn überhaupt nicht; Nun, er ist jetzt viele Jahre alt, ich hätte ihn gern mehr bei uns, aber nur der Mann oben - er zeigt zum Himmel und geht weiter - wird wissen, wie weit er auf dieser Erde gehen darf - er hat zu Ende geredet, sich die Mütze ins Haar gesteckt und mit der rechten Hand jedem zum Abschied zugewunken und sich in den kleinen Straßen des Städtchens verlaufen, das sie immer wieder als eine Art Pflaster, als einen Eisteppich für die angesammelte Zeit darstellten. Alle sahen ihn schnell gehen, und niemand konnte sich dazu äußern, denn sie wussten, dass Toby, von dem sie gerade gesprochen hatten, von einem Welpen an den Ort gekommen war und dass Ramon ihn seitdem auf dem Schlitten trainiert hatte, um der beste Führer und Führer von Hunden zu werden. Sie wussten auch, dass sein Kollege seine Tiere mit so viel Liebe und Sorgfalt aufgezogen hat, dass sie glaubten, sie wüssten, wie seine Stimmung im Moment war.

Die Polarnacht hatte sich schon so sehr im Ort festgesetzt, dass der Tag fast nicht mehr von der Nacht zu unterscheiden war, die 24 Stunden waren die gleiche Realität ohne Abwechslung, aber diese Nacht war zu besonders, da der alte Weihnachtsmann nicht einschlafen konnte und seine Gedanken ihn zu dem führten, was er für den nächsten Tag, den für seine Abreise mit seinem Freund Alberto vorgesehenen Moment, vermisste. Andererseits war Alberto in seinem Stück auch wach und dachte nicht nur darüber nach, was ihnen fehlen würde, sondern auch darüber, welche Überraschungen sie auf ihrer Reise ins Unbekannte finden würden.

KAPITEL V: *BEGINN DER REISE*

Der Morgen erschien schüchtern und undurchsichtig, die Helligkeit des Tages wollte nicht erscheinen, als ob jemand sie gegen Dunkelheit ausgetauscht hätte, doch man konnte viele Menschen sehen, die auf der Reise spazieren gingen und Vorbereitungen trafen, so kommentierte man. Plötzlich tauchte Ramon auf, unter dem Türsturz der Eingangstür, und mit einem leisen Klopfen an das Holz machte er sich bemerkbar; einige feste Schritte waren zu hören, und dann gab das Schloss die Erlaubnis, so dass eine Tür ein etwas ungeordnetes, ziemlich klappriges Geräusch von sich gab und die Gestalt des alten Weihnachtsmanns erschien, der fragte - Guten Morgen Ramon, sind wir bereit für die Reise? - Das ist genau der Grund für meinen so frühen Besuch, ich kann Ihnen in der Tat mitteilen, dass ich gestern sehr spät geblieben bin, um den Schlitten und die Rentiere vorzubereiten, damit wir auf der langen Reise keine Probleme haben; ich nutze das aus, denn im Moment weiß ich nicht, wohin ich gehe, ich kann herausfinden, welchen Ort Sie für Ihre Abfahrt gewählt haben. - Der Weihnachtsmann versucht zu antworten, doch bevor er dies tun kann, erscheint von hinten eine halbrasierte Figur mit einem Handtuch um den Hals, was darauf hinweist, dass die Stadt, in die wir reisen, Shining Green heißt und allen als "letzte grüne Stadt der Welt" bekannt ist, da sie die südlichste Stadt überhaupt ist; und sie wurde gewählt, weil ihr Name uns mit der Natur verbindet, die Bäume, Wiesen, Blumen und so viele andere Dinge umfasst, von denen wir lernen werden, sie auf unsere Arbeit anzuwenden, so dass wir, obwohl wir Schreiner oder Erbauer des Kinderglücks sind, diese Stadt vielleicht brauchen, um in einigen anderen Aspekten voranzukommen. Darin wird er zum Weihnachtsmann und sagt ihm mit etwas heiserer Stimme - immer so still und so nah, die Wahrheit ist, dass ich nicht gespürt habe, dass Sie hinter meinem Rücken kommen, ich denke, diese Reise wird mir gut tun, vielleicht werde ich mein Gehör wiedererlangen - ich sage das zu Ende und die anwesenden Männer tun nichts anderes als eifrig zu lächeln - er sagt weiter - wie gut es ist, ihr Lachen zu hören, bedeutet, dass wir nicht vergessen haben, zu lachen, selbst bei dieser hartnäckigen Erkältung - er geht nicht ohne zu sagen - wie ich schon sagte, ich bin bereit zu gehen, und wir werden um 12 Uhr gehen:00 Uhr, bitte bereiten Sie sich auf die besagte Zeit vor - der Weihnachtsmann schließt die Tür und schaut Alberto an und sagt - Ramón hat sich nie verändert, da er immer mit seiner Verantwortung und seinem Mitgefühl da ist, wie gut es ist, auf ihn zu zählen - Alberto nickt nur und fügt hinzu - ich muss mich fertig rasieren und meine letzten Habseligkeiten vorbereiten, um die Abreise nicht zu verzögern, es ist wichtig, das Vereinbarte zu respektieren - nachdem er dies gesagt hat, geht er fast sofort ins Innere des alten Hauses.

Es waren noch 36 Minuten zu gehen, als die Männer bereits auf dem Weg zu dem Ort waren, an dem der Schlitten, der sie weiter nach Süden bringen sollte, sein sollte, sie fühlten sich nicht beunruhigt, ihre Gesichter waren bereits vom kalten Wind gezeichnet und die vergangenen Jahre gaben nur die Festigkeit her, die für diesen Moment erforderlich war, also rückten sie nach und nach mit ihren Taschen und anderen Habseligkeiten vor; so begann man bei diesem Spaziergang nicht weit von dort entfernt eine Gruppe von Tieren zu sehen, die nervös zu sein schienen, um ihren bequemsten Platz zu finden, in der Tat, das war es. Plötzlich erschien Ramon und forderte mit gebieterischer Stimme Ruhe von den für die Führung des Schlittens verantwortlichen Führern.

Der alte Weihnachtsmann streckt seine Hand aus und reicht Ramon seine Taschen und einen kleinen Sack, weiter hinten nähert sich Alberto und kopiert den Akt. Die Ware ist gut geschützt und gefesselt, und Ramon, der Führer, nimmt seine Hände, peitscht sie zwischen die Hände und sagt: "Lieber Weihnachtsmann und Alberto, ich bin bereit zu gehen, es sind noch neun Minuten übrig - und Alberto sagt zum Weihnachtsmann: "Schau, alter Freund, wen wir hier haben! - der alte Mann mit den langen weißen Haaren, dreht sich um und sieht alle seine Freunde ganz nah bei ihnen, dann ist eine leise Stimme zu hören, die darauf hinweist - hoffentlich haben sie ihre Reisegeschenke nicht vergessen - dass es Leonor war, die ihn an beide erinnerten, wenn sie den "Polarstern" und "den Rohrstock" betrachtet hätten - beide Reisende antworteten fast unisono - wir haben sie nicht vergessen - fügt Alberto hinzu - sie gehen mit uns, sie

39

sind unsere Glücksbringer, wohin sie gehen Sie gehen - als nächstes kommen Emilio, Leonor, Natalia und viele andere, um Ihnen allen eine gute Reise und viel Glück zu wünschen.

Sobald die Umarmungen und guten Wünsche vorbei sind, steigen sie in den Schlitten, setzen sich hin, und bevor Ramon den Startschrei ausstößt, hebt der Weihnachtsmann seine beiden Hände und ruft - danke für diesen Abschied, er hat den vertrauten Raum ausgefüllt, den ein Wesen immer braucht, wir werden beide zurückkehren, weil wir wissen, wer hier zurückgelassen wurde, eine Reihe von Leben, die alles für andere geben, das wird die Botschaft sein, die wir in den Ländern, die wir besuchen werden, überbringen werden, bis bald! - Dann setzt er sich wieder hin und schaut den Führer an, macht ein Zeichen des Aufbruchs - indem er Ramons Stimme hört - ahhhh wir gehen! es ist ein langer Weg, bleiben Sie nicht!, der Schrei, der die Tiere anstachelt, lässt keine Zeit, dem Geräusch des Windes zu lauschen, der zu dieser Stunde mehr Geschwindigkeit zu nehmen scheint, als ob er den Befehl des Führers annimmt.

Der Klang des Schlittens fühlt sich anders an, mit der Ladung und den Insassen scheint er die richtige Balance für den Start zu suchen. Dabei ordnen die Rentiere, die Ramons Befehl befehlen, ihre Schritte, und wenn sie etwa 40 Meter weit vorrücken, gibt das Knicken einer langen Schnur den Ton für den endgültigen Befehl an, der sich bemerkbar macht, wenn sich nach und nach Tiere, Waren und Bewohner auf der Suche nach einem Weg erheben, der am Himmel zerfurcht zu sein scheint, so dass jene Charaktere, die nur so vielen Wesen, die es brauchen, das Licht geben wollen, diesen Weg gehen.

Nach ein paar Minuten erhebt Alberto seine Stimme - Santa, ich hoffe, wir haben nichts vergessen - der alte Mann saß vor ihm, sah ihn lächelnd an und redete - das einzige, was noch übrig war, waren unsere Freundschaften, und das ist bedauerlich, wenn danach etwas übrig geblieben ist, ist es nicht mehr wichtig - Alberto lächelt und legt sich auf seinen Sitz und versucht, dem Schwanken des Schlittens zu folgen, der sich schnell auf eine Grenze zubewegt, die in Stunden noch zu erreichen ist.

Eine etwas warme Luft scheint die Gesichter der Reisenden zu streicheln, ein anderer Geruch lässt jeden tief durchatmen, indem sich der Weihnachtsmann unruhig und fast gähnend niederlässt, sagt er - ich möchte es fast nicht glauben, aber wenn ich Sie sehe, wie Sie auch auf Alberto zeigen - ich merke, dass wir eingeschlafen sind, sehen Sie sich das an! wohin wir gehen - Alberto nimmt den von Leonor gelieferten Polarstern zum ersten Mal, schaut ihn an und ruft aus - besser können wir nicht gehen, der Stern zeigt mir genau den Süden an - in dem sie beide Personen waren, als von vorne Ramon zurückkommt, der kommentiert - wir sind im letzten Teil der Reise, Wir haben nur noch etwa zwei Stunden Zeit, ich muss einen diskreten Platz finden, um auszusteigen und meine Rentiere in kurzer Zeit füttern zu können, es ist eine sehr anstrengende Reise für sie, und mit einer leichten Bewegung nimmt er wieder ihren Platz ein, er wird von der Stimme Albertos gestoppt, der ihn fragt - woher wissen Sie, dass wir so genau in den Süden fahren? - dreht sich der Mann um und nutzt mit seinem etwas müden Blick den Blick auf seine Hände, die er so viele Stunden lang an der Kontrolllinie gebückt sieht, und schaut sofort wieder auf seinen Freund und zeigt auf ihn - in diesem Fall ist der einzige Kompass, den ich habe, die Erfahrung, und ich verlasse mich darauf, denn um meine treuen Tiere zu ihrem aktuellen Ziel zu führen, muss ich nur feststellen, dass ich den Nordstern direkt hinter meinem Rücken habe, Das gibt mir die Gewissheit der Mission, die ich habe - der Mann, der gefragt hatte, ging weg, ohne dass sein Körper auf dem Schlitten Platz finden sollte, und sagte genau das Richtige - ist eine Antwort, die die Weisheit zeigt, die Sie in sich tragen, Sie sind genau die richtige Wahl, um uns zu führen, nur der Weihnachtsmann konnte es wissen, danke Ramon - beendete diese Bemerkung und ging zurück, um sich anzupassen, um sich noch ein wenig auszuruhen. Fast neben seinem Sitz und ohne dass Alberto es bemerkt, lächelt der alte Weihnachtsmann ein kleines Lächeln der Ruhe, das niemand bemerkt hat.

Die fast zwei Stunden bis zum Ende der Reise waren vergangen, als plötzlich der Weihnachtsmann von seinem Sitz aufsteht und sich auf der Suche nach dem Führer an die Spitze des Schlittens begibt, als er ihn sieht, zeigt er an - er versucht, uns nach Osten zu bringen, da sind die großen Felder - der Schlitten verzieht sich ein wenig und reiht sich nach Osten, nach einigen Minuten sieht man den Berg in der Nähe und an seinem Rand, große Felder, die mit ihrer Größe den Besuchern zu zeigen scheinen; werden die Bäume langsam gepeitscht und die Wiesen leuchten, als ob sie ihre reiche Ernte zeigen wollten. Ramón warnt - ich werde um das gewählte Gebiet herumgehen und langsam hinuntergehen, die Zeit ist reif, denn so wird uns niemand entdecken - auf diese Weise beginnen die Rentiere, langsam von den Höhen des Himmels herunterzukommen, ohne sich fast zu überfahren, sie legen das Endergebnis der Reise fest und parken mit der Genauigkeit eines Werkzeugs, das auf so vielen Reisen geholfen hat, wie der Kompass. Der Schlitten wird in der Prärie geparkt und die etwas müden Tiere bewegen sich von einem Ort zum anderen. Ramon springt zu Boden und nimmt das Leitrentier von den Seilen, die ihn führen, und warnt die Passagiere, dass sie aussteigen müssen.

Nachdem er die Koffer und den Sack des Weihnachtsmanns herabgelassen hat, kommentiert Alberto - Dank an den Allmächtigen, dass diese Reise gut verlaufen ist, jetzt werden wir unseren Spaziergang in Richtung der Stadt beginnen, die Sie als Weihnachtsmann ausgewählt haben, also machen wir uns bereit für diese andere Reise - alles ist bereit für Ramon, der abreisen kann, sagt er, bevor er sich verabschiedet - Weihnachtsmann, wann komme ich Sie abholen? - Der alte Mann mit den langen weißen Haaren weist darauf hin - wir werden am 25. Dezember, höchstwahrscheinlich am frühen Morgen, am gleichen Ort sein, was uns erlaubt, am Weihnachtstag selbst bei unseren Leuten zu sein, es wird fabelhaft sein, wenn alles wie geplant verläuft - der alte Mann macht ein paar Schritte, nähert sich Ramon und umarmt ihn, sagt ihm - alter Freund, danke für deine Fahrt, deine Sachkenntnis ist unbezahlbar, komme gut zurück und ruhe dich aus, wenn du ankommst, die Ruhe ist, darauf hinzuweisen, dass deine Tiere dich brauchen, also musst du sie diesmal mehr stärken, für seine große

Anstrengung - Alberto seinerseits tut das Gleiche mit dem Abschied und dem Führer, nachdem er gesehen hat, wie die abenteuerlustigen Männer sich mitten in der Nacht verirrt haben, er nähert sich den Rentierführern und steht ganz nah bei ihnen, schreit mit leiser Stimme - gute treue Freunde, der Rest und das Essen hat nicht gereicht, aber wir müssen zu unserem Haus zurückkehren, dort an diesen gefrorenen Orten, können wir uns besser ausruhen und ernähren und uns dann auf die Rückkehr des alten Weihnachtsmannes und Alberto vorbereiten - das heißt, er steigt in den Schlitten, übernimmt wieder die Führung und lässt die Tiere mit einem tiefen, aber imposanten Schrei wieder ein Rennen starten, das den Schlitten wenige Meter entfernt auf der himmlischen Straße, die sie nach Hause bringen würde, enden lässt. Nur wenige Meter von dort entfernt drehen Alberto und der Weihnachtsmann die Augen zum Himmel, um zu sehen, wie der Schlitten, der sie gebracht hatte, den Sektor umrundet, der sich erhebt und sich gleichzeitig in der Unendlichkeit der Wolken, die zu dieser Stunde auf das Gefolge zu warten schienen, entfernt, um sie in ihre unendliche Tunika zu bekommen.

Als die illustren Wanderer sich sicher waren, dass der Schlitten aus den Augen verloren hatte, sahen sie sich an, hoben die Schultern und bereiteten sich auf die Wanderung vor, die sie in die gewählte Stadt führen würde, um das erwartete Abenteuer zu bestehen. Sie waren etwa zehn Minuten unterwegs, als der Weihnachtsmann daran denkt, mit seinem Freund zu sprechen - ich nehme an, Sie haben nicht vergessen, den Ort zu markieren, an dem wir angekommen sind, damit wir uns auf dem Rückweg nicht verirren - ich habe bereits den Namen des Grundstücks oder der Region aufgeschrieben, und in der Stadt werde ich eine Karte anfertigen, die uns helfen wird, wenn wir zurückkehren müssen, keine Sorge, sagt Alberto -

Sie waren fast zwanzig Minuten zu Fuß unterwegs, als sie in der Ferne zwei starke Lichter sehen, die sich in ihre Richtung bewegen, so parkt ein kleiner Lastwagen am Straßenrand, plötzlich senkt jemand die Scheibe und eine Stimme ertönt, die sagt - wenn du in die Stadt gehst, fahre ich dich hin - fast ohne den beiden Männern zu

43

antworten, die sich beeilen, nimmt Alberto den Türgriff und öffnet ihn und begrüßt den Fahrer, macht eine Wartezeit und in diesem Moment kommt der alte Weihnachtsmann, ein wenig müde und winkt er in die Kabine des Fahrzeugs. Der Lastwagen nimmt seine Geschwindigkeit etwas langsam wieder auf, so dass gerade genug Zeit bleibt, damit die Schauspieler sich begrüßen und besser kennen lernen können, sagt der Fahrer - ich heiße Lucas und bin der Fahrer dieses Lastwagens, der dem Besitzer des Feldes "Entre Cumbres" gehört, Sie müssen ihn auf Ihrem Weg passiert haben - die beiden Männer, die im Lastwagen zu Besuch sind, Sie sehen es sich an und ohne es zu wollen, erfahren sie den Ort, an dem sie auf Ramón warten müssen, um in ein paar Tagen die Rückreise in ihre Heimat anzutreten - ein paar Sekunden vergehen und Alberto antwortet - wir merken den Namen des Feldes nicht, wenn wir ihn gewusst hätten, hätten wir am Eingang auf ihn gewartet - was gesagt wurde, diente dazu, alle ein wenig zum Lachen zu bringen und die Atmosphäre zu entspannen.

Der Fahrer war ein Mann, der einen Schafwollpullover und ein buntes Holzfällerhemd trug, bei dem die Farbe Rot und Grün hervorsticht, sein Auftreten war fröhlich und heiter, und in diesem Zusammenhang wendet er sich fast ohne zu lange zu warten, an den alten Weihnachtsmann und fragt ihn - seine Kleidung ist die des Weihnachtsmanns und wie Sie sehen, repräsentieren Sie ihn sehr gut, jeder, der Sie sieht, würde denken, Sie seien das Original, und außerdem sind wir schon im Weihnachtsfest; aber wenn wir schon von etwas anderem reden, woher kommen Sie? Die Bewegung des Lastwagens trug dazu bei, die Verlegenheit der Frage zu verbergen, aber der alte Mann mit den langen weißen Haaren hustet, um den Klang seiner Stimme zu fixieren und weist darauf hin - wir sind von einem Feld neben Ihrem gekommen, um einen Vertrag über die Lieferung von Weihnachtsgeschenken an die Kinder des Eigentümers abzuschließen, aber die Szene zu machen, als ob der Weihnachtsmann wirklich ins Haus gekommen wäre, daher meine Kleidung! - nicht vollständig antworten kann, bringt der Fahrer eine Bemerkung vor - ich habe keinen Zweifel, dass es etwas wirklich Gutes sein wird, da Sie den alten Pascuero und seinen Kobold-Gefährten sehr gut repräsentieren, ich bezweifle nicht, dass die Party in diesem Haus ein voller Erfolg wird - dann nimmt Alberto an dem Gespräch teil - ich danke Ihnen für Ihre Worte an uns, Sir, ich hoffe, wir werden Ihren Worten so ähnlich wie möglich sein, damit die Feier in der Freude der Kinder würdig ist, dass sie an diesem Tag dort sind - es waren nicht mehr als dreiundzwanzig Minuten vergangen, seit ich in das Fahrzeug eingestiegen bin, als der Fahrer warnt -, meine Herren, wir sind nur noch wenige Minuten davon entfernt, die Stadt zu sehen, in der ich geboren wurde, also machen Sie sich bereit, dort auszusteigen, wo Sie mir sagen - genau in dem Moment, in dem ich eine ziemlich scharfe Kurve zu Ende fahre, beginnen Sie die Lichter einer Stadt zu sehen; Fast sofort befindet sich das Fahrzeug auf einer beleuchteten Straße, und in diesem Moment machen die Fahrgäste mit ihren Händen das Schild zum Anhalten, damit sie aussteigen können. Der Lastwagen wird langsam am Straßenrand geparkt, und die Fahrgäste steigen aus und verlassen den freundlichen Fahrer, so dass man in wenigen Sekunden sehen kann, wie der Lastwagen auf sein anderes Ziel zusteuert und nur die Begleiter an der Straßenbergspitze zurücklässt, die ihre Taschen und Geldbörsen mitnehmen und sich auf die Suche nach einer Ecke machen, an der sie die Nacht verbringen können, die zu diesem Zeitpunkt noch weit in den Morgen hineinreichte.

Mit einigen Schwierigkeiten fanden sie in dieser Nacht zwei Räume zum Schlafen, eine Ruhe, die ihren Höhepunkt erreichte, als am Morgen durch das Glas ihrer Zimmer eine intensive Leuchtkraft erschien, die durch etwas Wärme unterstützt wurde. Schnell eilt der Weihnachtsmann zum Fenster und beobachtet die damals schon spürbare Bewegung der Stadt; er atmet tief durch und versucht eine Hüftbeugung, die anscheinend nicht richtig ausfällt, und beschließt dann, ins Bad zu gehen, um mit seinem Freund zum Frühstück aufzutauchen.

Als er die Treppe hinuntergeht, schaut er seinen Freund Alberto an, der bereits am Tisch sitzt und die Frühstücksutensilien aufräumt, und dann sagt er: "Ich dachte, ich komme dir zuvor, ich weiß nicht, was du sagst, aber es ist toll, an einem Tag wie diesem aufzuwachen, was denkst du? - Alberto beendet seine Ansprache, runzelt die Stirn und

45

antwortet: "Ich stimme zu, es gibt keinen Vergleich mit den Tagen, die wir weiter nördlich leben müssen, aber wir werden versuchen, das zu genießen, was uns bisher gewährt wird. Wenn wir das Gesprächsthema wechseln, dürfen wir nicht vergessen, dass wir heute eine Arbeit suchen müssen, um uns in der Stadt zu halten - ein Nicken des alten Weihnachtsmanns hebt eine Tasse Kaffee hoch, die bei dieser Gelegenheit kaum wahrnehmbar ist, da sie eine kleine weiße Wolke, das Produkt der Hitzeverdampfung, ausstößt, die dann zum Mund genommen wird, um ihre Geschmacksqualität zu genießen.

Der erste Tag war zwar früh, aber es würde schwierig werden, da sie verschiedene Räumlichkeiten und Gebäude besichtigt hatten und kein Glück hatten, einen Handel zu finden. Nachdem er eine Weile gesessen hat, steht Alberto auf und sagt - gehen wir in das zentrale Gebäude in der Ferne, um zu sehen, wie es uns geht - die beiden Männer beginnen wieder zu laufen, und bald sind sie offenbar mitten in der merkantilen Bewegung der Kleinstadt. Sie waren bereits in mehreren großen Räumlichkeiten gewesen, als sich plötzlich jemand dem Alten Weihnachtsmann nähert und ihn am linken Arm nimmt und auf ihn hinweist - Sir, ich wurde geschickt, um ihn zu suchen, er muss jetzt zum Besitzer gehen -, bleiben die beiden Freunde auf der Suche und wenden ihre Schritte, um die Person zu treffen, die sie suchte.

Das Büro war groß und man konnte einen sanften Duft von Blumenräuchern riechen, die Fenster waren sehr breit, so dass man sehen konnte, dass das natürliche Licht die ganze Leuchtkraft des Ortes beherrschte, die Stühle waren alle aus feinem Holz, der Tisch war breit und lang, und trotzdem konnte man wenig Papier darauf sehen. Die rechte Hand einer Dame streckt sich aus, um flüchtige Besucher zu begrüßen, während diese nach einem der Stühle suchen, die scheinbar speziell für sie angefertigt wurden. Sobald sie auf ihren Sitzen angeordnet sind, fallen ihre Arme auf die Beine und sie heben ihre Augen zu demjenigen, der sie mit großen blauen Augen aufmerksam anschaut - es ist eine Freude, sie hier zu haben, wie heißen sie? sagt die Dame - in dem der alte Weihnachtsmann spricht - mein Freund heißt Alberto und meiner ist der

Weihnachtsmann, manchmal nennen sie mich auch irgendwo den Weihnachtsmann oder den Heiligen Nikolaus - wenn sie letzteren sagt, weiß die Dame nichts anderes zu tun, als bereitwillig zu lachen und hinzuzufügen - natürlich in der Tat! Da ich Sie zufällig namentlich frage, ob die Kleidung Sie verrät, scheint es, dass ich heute keine rationalen Fragen stelle - ich weiß, Frau, dass Sie mir nicht glauben werden, aber das ist mein Name, und ich ziehe mich nicht so an, weil es kurz vor Weihnachten ist, sondern da, wo ich herkomme, Jeden Tag arbeiten und leben wir um die Ankunft dieses Tages der Geburt des Jesuskindes herum - Herr, wir sind einverstanden mit dem, was Sie erwähnen, aber um im Gespräch voranzukommen, habe ich nach Ihnen geschickt - sagt die Dame, die ein wenig das ernste Gespräch unterbricht, das versucht hatte, den alten Heiligen einzupflanzen - weil ich gewarnt wurde, dass sie ihre Dienste für diese Zeit anbieten, und ich möchte wissen, was sie sind? - Alberto geht voraus und erklärt - das einzige, was wir können, ist das Bauen und Ausliefern von Geschenken an Kinder, aber bei dieser Gelegenheit wollen wir dasselbe tun, aber der Spielzeugfirma helfen, so dass die Öffentlichkeit sie bevorzugt, weil wir in direktem Kontakt mit ihnen stehen - das vorherige Lächeln wird auf dem Gesicht der Dame wiederholt - Alberto fährt fort - und mit der Bezahlung, die wir für die Arbeitstage erhalten, Wir sind daran interessiert, unsere Verpflegung und Unterkunft bezahlen zu können - es gibt eine Pause, die Dame steht auf und geht zum Fenster, nachdem sie ein paar Sekunden in Richtung Außenseite des Gebäudes geschaut hat, dreht sie sich um und kommentiert - , damit Sie wissen, dass ich Marianela heiße und die Besitzerin des Gebäudes und dieses Kindergeheges bin, hat mir, nachdem ich Ihnen zugehört habe, eine Überzeugung von Ihrer Arbeit gegeben, vor der ich beschlossen habe, Sie bis Weihnachten einzustellen; Ich nehme Ihre Funktionen an und hoffe, dass Ihre Einbeziehung zu einer besseren Aufmerksamkeit für unsere Klientel führt, insbesondere für die Eltern, die in diesen Tagen mit ihren Kindern ankommen werden. Aufgrund meiner Ausführungen können wir ab morgen mit der Arbeit beginnen - beide Freunde mit dem, was sie gehört haben, fühlen sich langsam müde und gehen nach dem Abschied zur Tür und bevor sie sie hinter sich schließen, Sie hören die Stimme der Frau, die sagt - ich habe vergessen, Ihnen zu sagen, dass es egal ist, wie Sie heißen

47

oder woher Sie kommen, ich weiß nur, dass Sie sehr überzeugend sind und dass das unseren Zielen helfen wird, danke, dass Sie gekommen sind - die Tür schließt sich und beide Figuren schauen sich an und zusammen mit einem Lächeln lassen sie einen Seufzer der Zufriedenheit über das Erreichte heraus, dann verlassen sie den Ort, um in das Haus zu gehen, wo es vorerst ihr Platz zum Essen und Ausruhen war.

Am frühen Morgen ihres ersten Arbeitstages werden beide Männer gesehen, wie sie zwei Taschen auf ihren Schultern durch die Straßen tragen, auf ihrem Weg zur Arbeit. Als sie schnell ankommen, stellen sie fest, dass der Ort noch immer nicht für die Öffentlichkeit geöffnet ist, dann, ohne sich überhaupt zu einigen, ordnen sie ihre Sachen ein, und sie bereiten sich darauf vor, ein wenig ihre Kleidung zu bestellen, um ihre Präsentation vorzubereiten, dann erscheint in der Ruhe dieses Raumes ein störendes Geräusch, das den Eindruck erweckt, dass der Ort, der sie angeheuert hatte, tatsächlich seine kommerzielle Arbeit begann. Es war fast der Vormittag vergangen, als nur wenige Leute bemerkten, dass sie das Gelände betraten, aber fast unbemerkt verbesserten die beiden Freunde ihre Bemühungen, ein Publikum anzuziehen.

Plötzlich steht ein Mann mit zwei Kindern auf und schaut auf die Figuren, die sich am Rande des Geländes befanden, und nähert sich langsam und fragt - können Sie wiederholen, was Sie anbieten? - sagt Alberto - aber lieber Papa, natürlich! - in dieser Ansprache sagt er - liebe Kinder, ich muss euch sagen, dass ich die Ehre habe, euch den Alten Pascuero oder auch Santa Claus oder Alter Weihnachtsmann, wie wir ihn kennen, vorzustellen, indem er seinen Freund an den Schultern nimmt und ihn den Kindern näher bringt.

Ohne jegliches Unbehagen salutiert der alte Heilige und fragt mit leiser, aber fester Stimme - sagt mir, dass ihr Kinder seid, die sich gut benommen haben und die alles tun, was eure guten Eltern euch sagen, langsam richtet er seinen Blick auf die Kleinen - indem er gleichzeitig an Ort und Stelle hört - ob wir uns immer gut benommen haben! - Fast sofort lässt die Hand des Mannes mit den langen weißen Haaren aus der Tasche

48

ein smaragdgrünes Polizeiauto erscheinen, das mit der Kraft der Batterien sofort beginnt, sich auf dem Boden des Lokals zu bewegen; der Junge, der es sieht, rutscht ein paar Schritte vorwärts und verbeugt sich, um es mit einem breiten Lächeln zu empfangen; aber gleichzeitig holt der Weihnachtsmann eine schöne Puppe heraus, die in ein langes Gewand mit verschiedenen Blumen gekleidet ist und dazu einlädt, vom Frühling zu träumen, fast ohne zu merken, dass das etwas schüchterne Mädchen sich seinen Schritten nähert und seinen rechten Arm ausstreckt, als ob es darum bittet, sie zu berühren, eine Bewegung, die den alten Weihnachtsmann beobachtet, dann die Puppe nimmt und sie in die Hände des Mädchens legt, dem es mit seinem jungen Augenlicht nur gelingt, sie anzusehen und sie zart zu kämmen, bevor es sich in die Nähe seines Vaters begibt.

Nach diesem Akt nähert sich der Vater, der die Frage gestellt hatte, den Figuren und zeigt - Sie haben mich überrascht, denn ohne Erklärungen zu geben, haben Sie uns die Arbeit, die Sie beide leisten, gegeben, was mir die Entscheidung erleichtert hat, wo ich meine Sachen erwerben soll, also ohne ein weiteres Wort nähert er sich, streckt beiden Personen die rechte Hand entgegen, verabschiedet sich und dankt ihnen für die freundliche Geste, die sie gemacht haben.
Die Täter bleiben im Blickfeld, und in diesem Moment ist ein Geräusch zu hören, das sie dazu bringt, sich umzudrehen, und sie sehen vor sich mehrere Kinder, die zusammen mit ihren Eltern mit ihnen sprechen und mit ihren Händen Bewegungen machen, als ob sie darum bitten würden, das Beobachtete zu wiederholen.

Ausgehend von dem, was beschrieben wurde, unterschied sich der Tag zu Beginn nicht sehr stark, was die Menschen, die von so weit her gekommen waren, dazu veranlasste, sich sehr intensiv mit einer Aufgabe zu beschäftigen, die sie seit Jahren erfüllen, die aber heute im Rahmen der Realität andere Ergebnisse erfüllt und fordert.

Und so verbrachte er, ohne sich dessen bewusst zu sein, den ersten Tag bei der Arbeit, und nach ein paar Minuten mit Blick auf die Straße zu seinem Aufenthalt weist der alte

49

Weihnachtsmann darauf hin - heute hatten wir kaum Mittagessen und waren daher ein wenig müde, aber ich habe einen glücklichen Geschmack unserer Arbeit, nur weil ich die Gesichter von Kindern gesehen habe, die mit dem, was sie erhalten hatten, zufrieden waren, nicht wahr, Alberto? - Der Freund des Weihnachtsmanns schaut auf und fügt hinzu - ich stimme Ihren Worten zu, aber ich würde sie ergänzen, indem ich sage, dass unsere Anwesenheit auf diesem Stockwerk, die persönliche Beobachtung der Geschehnisse, jeden Schmerz und jedes Problem, das man haben könnte, befriedigt -

Als wir im Haus ankamen, drückte der Weihnachtsmann etwas nachdenklich aus - ich weiß nicht, ob Sie es bemerkt haben, aber ein Hund mit hellem Fell beobachtete uns den ganzen Nachmittag, und als ich mich auf die Begegnung mit ihm vorbereitete, wich er meiner Annäherung aus, er schien freundlich - sagt Alberto etwas überrascht - ich habe es nicht wirklich bemerkt, Aber keine Sorge, denn wenn er sich mit uns treffen will, muss er uns einen anderen Tag finden und natürlich zuerst um eine Audienz bitten - was mit einem Glucksen gipfelt, das den alten Freund dazu zwingt, zu lächeln und den Kopf zu schütteln, als ob er einen Witz von seinem Freund akzeptieren würde.

Bevor der alte Weihnachtsmann vom Tisch aufstand, um sich zur restaurativen Ruhe zu begeben, ließ er die Handflächen beider Hände auf den Tisch fallen, der ein leises Geräusch von sich gab, als ob er erklären wollte, dass er die verschiedenen Arten von Stützen oder Streicheln, die die Menschen im Allgemeinen auf ihm machten, zu unterscheiden wusste, Da wir gehört haben - Alberto, wir haben schon einige Tage hier verbracht, was nicht schlecht ist, aber denken Sie daran, dass wir uns auf die Suche nach der Person machen müssen, die es mit ihrem Brief an uns ermöglicht hat, dass wir heute hier sind, denke ich, dass es eine gute Idee wäre, morgen Nachmittag aufzubrechen, um nach ihm zu suchen, meinen Sie nicht? - Mit geballter rechter Hand unter dem Kinn seines Kopfes atmet Alberto tief ein und fügt hinzu - ich halte das für eine sehr gute Idee und ich werde Ihnen auch sagen, dass ich wusste, dass Sie das Lied spielen würden -

Ein weißer, völlig kugelförmiger Mond erscheint auf einem fernen Berg, der nur seinen Schatten zeigt und gleichzeitig einen Hinweis auf seine große Majestät gibt. Das Mondlicht scheint nach und nach die Nacht zu erobern und führt schließlich eine Leuchtkraft ein, die zwar nicht so stark ist wie die des Sonnenkönigs, aber doch so stark, dass man das Spektakel, das sich um ihn herum entwickelt, mit seiner Anwesenheit nicht bemerkt, so wie man den kadenzierten Flug einer Eule beobachten kann, die die schattige Umgebung zu zeichnen scheint. Auch die Häuser sind zu sehen, da sie schnell in ihre gleichfarbigen, aber etwas trüben Kleider gekleidet sind, die dennoch wieder zu beleben scheinen, wenn sich die Schatten flüchtig zu ihnen gesellen, treue Begleiter jeder erleuchteten Nacht, durch den Planeten, der gewöhnlich aufwacht, wenn die Sonne schläft.

Am Morgen des fünften Tages des Aufenthalts ist es ziemlich voll mit Menschen um die Weihnachtsfiguren herum. Viele Kinder mit ihren kleinen, aber farbenfrohen und behandlungsresistenten Spielsachen erschwerten den Menschen die Fortbewegung.

Viele Eltern laden den Weihnachtsmann und Alberto mit einem Lächeln und einer ausgestreckten Hand als Zeichen der Dankbarkeit ein, an ihre tägliche Arbeit zu glauben, in dieser Stadt der großen Stille.

Der alte Weihnachtsmann, der den größten Teil des Vormittags damit verbracht hatte, kleine Geschenke aus seinem Sack zu holen, macht plötzlich eine Bewegung, als ob er aufstehen und sich strecken wollte, indem er sich umdreht und schnell unter die Leute geht und die Arme öffnet, als ob er jemanden in die Enge treibt, an die Wand kommt, sich dann bückt und etwas mit einer gewissen Sanftheit nimmt. Alberto nähert sich in einer gewissen Entfernung auch seinem Freund, der gebückt ist, und beobachtet ihn, indem er neben sich einen schönen Hund sieht, der ein wenig ängstlich zu demjenigen schaut, der ihn beobachtet.

Der alte Mann mit den weißen Haaren, der seine Hand über den Rücken des verängstigten Tieres streicht, plappert - Sie haben mehrere Stunden damit verbracht, uns anzuschauen, erst jetzt lernen Sie uns kennen; ich habe den Eindruck, dass Sie keinen Besitzer haben - das Tier ist etwas ruhiger, akzeptiert die Streicheleinheiten und nähert sich stöhnend dem alten Mann weniger widerstrebend, ohne seinen Freund anzuschauen. Alberto spricht darüber - Sie konnten nicht ruhig bleiben, bis Sie den Moment suchten, um Herrn Hund zu treffen - das können Sie hören - aber er sieht ein wenig verlassen aus, und ich glaube, er braucht unsere Gesellschaft, warum geben Sie sie ihm nicht? - Das Tier geht nicht gut zu Ende und nähert sich dem alten Weihnachtsmann, als ob es den Beginn einer Zuneigung für seine neue Freundschaft signalisieren würde.

Plötzlich, sobald er aufstand, um nach dem Hund zu suchen, ging er seinen Freund mit dem Arm in Richtung seines Arbeitsplatzes suchen und begann wieder mit seiner Vorstellung, den kleinen Passanten Spielzeug zu geben, die mit ihren unschuldigen Gesichtern auf die fantastische Tasche blicken, die immer voller überraschender Geschenke ist.

Nach der Mittagspause unterbrechen beide Freunde ihre Arbeit etwas und gehen mit dem Besitzer des Lokals und den Dingen, die sie begleitet haben, wie eine Geschenktasche, ein Stock und ein Rucksack, ins Gespräch.

Wenn die Frau Sie ankommen sieht, schaut sie Sie mit einem Lächeln an und sagt - es ist schön, Sie zu sehen, ich bin angenehm beeindruckt von Ihrer Arbeit, nehmen Sie Platz und machen Sie es sich bequem, denn ich werde es mir erlauben, Ihnen einige Dinge zu sagen: Zunächst einmal muss ich Ihnen sagen, dass Sie den Umsatz meines Geschäfts dank Ihrer Art, Ihre Arbeit mit den Menschen zu präsentieren, insbesondere die Behandlung von Kindern, gesteigert haben; zweitens haben sie den Korridor der Passanten in eine Begegnung von Menschen verwandelt, denen ihre Handlung Spaß macht, man sieht Freude und Befriedigung bei den Kindern und drittens haben sie ein klares Beispiel dafür gegeben, dass jede Arbeit, auch wenn sie in einem einfachen Korridor liegt, Interesse an den Menschen zeigen und die Qualität der Organisation der Veranstaltung erhöhen kann, das wollte ich Ihnen sagen, er schließt mit den Worten - Alberto schaut seinen Freund an und macht eine Bemerkung -, dass es gut ist zu wissen, dass Sie mit unserer Arbeit zufrieden sind, was uns noch mehr verpflichtet, diesen Weg fortzusetzen, auch wenn es nur für die wenigen Tage ist, die wir hier noch übrig haben, und darüber wollen wir Ihnen auch sagen, dass wir die Verpflichtung haben, eine Familie zu finden, mit der wir uns unterhalten müssen, und dafür brauchen wir den Raum des Nachmittags, um diese Suche, für die wir Sie um Ihre Zustimmung bitten, fortsetzen zu können - hierin steht die Dame, die Ihnen aufmerksam zugehört hat, von ihrem mit braunem Leder gefütterten Stuhl auf und schaut Sie an, fügt hinzu - ich habe keinen Grund, dem auszuweichen, was Sie finden wollen, damit Sie die Zeit haben, die Sie benötigen, aber eins! Dieser Handelskorridor wird auf Sie warten. Der alte Weihnachtsmann nickt, ohne ein Wort zu sagen, mit dem Kopf in Anerkennung und mit seinem Freund verlässt er den Raum.

Als er zwei kurze Schritte hinabsteigt, die sich dem Anfang des Korridors nähern, scheint der so genannte Weihnachtsmann das Gleichgewicht zu verlieren und sein müder Körper scheint der Einladung zum Sturz nachzugeben. Dabei bemüht er sich mit seinem Arm mit dem Stock, den er trug, in seine ursprüngliche Position zurückzukehren, und fast ohne es zu merken, nimmt seine Figur eine leichte vertikale Position ein, eine Situation, die sowohl seinen Partner als auch ihn selbst überrascht. Als er sich beruhigt hatte und sich umsah, schaute er auf seinen Stock und sprach - Leonor hatte Recht, denn dieser Stock, der als Stütze gegeben wurde, rechtfertigte seine Anwesenheit heute, um zu verhindern, dass ich mir bei meinem Sturz einen Knochen breche - in dem Alberto unterbrochen wurde - die Wahrheit, dass ich es nicht geschafft hätte, Sie zu halten, wie groß auch immer die Bewegung dieses Stockes war, um zu verhindern, dass Sie sich verletzen, Es scheint, dass unser Freund Leonor schon im Voraus wusste, was uns passieren könnte, da ich es für großartig halte, etwas zu geben, das einem hilft - in diesem Fall scheint der Hund, den sie bereits als "Freund" aufgenommen hatten, als erstes springt er mehrmals über den Körper des Weihnachtsmanns und andere ebenso über Alberto, in diesem Spaziergang hielten mehrmals die Hände beider Freunde an, um ein etwas ungleichmäßiges Fell zu streicheln, etwas Schmutziges und nicht sehr glatt.

Bei der Ankunft auf der Straße beugt sich der alte Mann mit den langen weißen Haaren nach unten und spricht mit dem noch hündischen Welpen - Sie müssen Ihren Spaziergang mit uns für heute unterbrechen, denn wir gehen an einen weiter entfernten Ort, damit Sie morgen nach Hause gehen und uns wieder sehen können - danach streichelt er sein Gesicht und reicht ihm die Hand über den Rücken; Der Hund dreht sich mehrmals um, als ob er nach mehr Zuneigung sucht, und hört auf, beide Männer anzusehen, als ob er mit ihren Augen die Wahrheit des Gesagten hinterfragt, um sich dann ein wenig abzuwenden, als ob er die Anspielung des alten Mannes akzeptiert.

Nach einiger Zeit und nachdem sie mit mehreren Personen gesprochen haben, während sie die Antworten auf ihre Fragen analysiert haben, hören beide Freunde auf, dann sagt Alberto schnell - ich glaube, die Dame, die wir gerade befragt haben, hat uns die notwendigen Daten gegeben, um nach den Personen zu suchen, die uns interessieren, aber leider scheinen sie sich nicht im städtischen Umfeld zu befinden - fügt der alte Weihnachtsmann hinzu - ich glaube, Sie haben absolut Recht, also sollten wir zu diesem Ort gehen und versuchen, ob wir sie treffen, meinen Sie nicht auch? Sein Freund nickte mit dem Kopf, dann begaben sie sich zu einem Busbahnhof, um sich dem Ort zu nähern, der es ihnen ermöglichen würde, die Figuren zu finden, die ihnen die Ankunft an diesem Ort ermöglicht hatten, doch der Ort, an dem sich die zu befragenden Personen befanden, war etwa 24 Kilometer von der Stadt namens "Green Shining" entfernt.

Der Bus, der sie an die Küste brachte, sie aber gleichzeitig in ein Gebirge an der Küste brachte, machte eine etwas langsame und etwas schwierige Fahrt auf der felsigen Straße. Die Assistenten des genannten Fahrzeugs waren alle in der Mehrzahl älter, zwischen 40 und 60 Jahren, ihre Kleidung war einfach, da das Geschlecht dick aufgefallen war, und außerdem waren sie bei den Frauen recht bunt. Die Männer trugen nüchtern gefärbte Schnitter, aber die meisten trugen dunkle Jacken oder Mäntel, die einige helle Knöpfe zeigten.

Die Gesichter eines hohen Prozentsatzes der Passagiere wurden etwas vernachlässigt, nur die Haut der Frauen konnte mit größerer Sorge beobachtet werden. Jeder zeigte jedoch einen Hauch von Traurigkeit in den Augen, dachte wohl der Weihnachtsmann - vielleicht, weil der Tag kalt war und vielleicht durch ihre besondere Verfassung, soziale oder familiäre Umstände, zusammen mit der täglichen Bindung an die harte Arbeit auf dem Feld oder in der ländlichen Gegend, dazu beigetragen hat, jede Stunde des Tages zu überleben, was den Einheimischen half, durch ihr Gesicht das Fehlen eines spontanen Lächelns zu zeigen.

KAPITEL VI: *EINE BESONDERE FAMILIE*

Die Tour war etwa zehn Kilometer vorangeschritten, als Alberto sich seinem Freund nähert und ihm ins Ohr sagt - Sie können mir den Namen des Ortes sagen, an den wir fahren, ich weiß nicht mehr, welcher in dem Schreiben angegeben wurde, das Ihnen von den Leuten, die wir besuchen werden, geschickt wurde -, dass der Weihnachtsmann aus seinem schläfrigen Zustand heraus reagiert, ein Produkt der Müdigkeit und des langsamen Gehens des Busses, Er sagt ein paar Worte - der Ort heißt Gran Viento und die Familie heißt Balmaceda Uriarte - und sagt schließlich, dass Alberto sich von seinem Freund löst und sich einem Mann von etwa 55 Jahren nähert, der eine Schafwolldecke mit einem bunten Grau trug, und ihn fragt: "Ist es weit weg von Gran Viento? und ob die Familie Balmaceda Uriarte dort tatsächlich lebt? - Auf solche Fragen antwortet der Mann - na ja, zunächst einmal die Stadt Gran Viento, das sind etwa 14 Kilometer mehr und das bedeutet in diesem Bus etwa 10 bis 12 Minuten mehr, und wie Sie sicher gesagt haben, in dieser Stadt lebt die Familie, die Sie erwähnen, und dafür sollten Sie an der grünen Bushaltestelle aussteigen, die sich auf der rechten Seite befindet. Dankbar für die gegebenen Informationen schaut Alberto auf seine Uhr und setzt sich wieder mit seiner Begleiterin zusammen.

Nach etwa 10 Minuten hält der Bus vor einer grünen Haltestelle, die die Fahrgäste offenbar zum Aussteigen einlud. Als der Bus etwa 10 Meter entfernt von ihnen abfuhr, warnt Alberto - hey Santa! hier wohnt die Familie, die in dem Brief erwähnt wird - und sagt, dass der alte Gefährte sich an einen Einheimischen wendet und ihn nach der Familie Balmaceda Uriarte fragt - wenn er die Nachnamen hört, die der Mann angibt - kann man sagen, dass sie bereits in ihrem Haus sind, denn das Haus, das Sie in der ockerfarbenen Spitze sehen, wird von der Familie bewohnt, die Sie mir fragen - sobald dies geschehen ist, geht der Mann weg, nachdem er für die gegebenen Informationen gedankt hat.

Sobald sie vor dem ockerfarbenen Haus stehen, erscheinen drei Hunde von unterschiedlicher Körperform, Behaarung, Farbe und Größe. Zuerst bellen sie ein wenig, was für den ungewöhnlichen Besuch ein wenig seltsam ist, aber dann bewegen sie ihre Schwänze und mit ihrem Körper, der durch die Beine der Besucher von einer Seite zur anderen wackelt, heißen sie am Ende die Fremden nett willkommen.

Plötzlich öffnet sich die Tür zum Haus und ein etwa 15 Jahre altes Mädchen erscheint mit sicheren Schritten und fragt - was bieten Sie ihnen an? - Im Gesicht des Mädchens ist jedoch eine gewisse Seltsamkeit zu erkennen, vielleicht an der Kleidung der Besucher. Der alte Weihnachtsmann nähert sich der kleinen Dame, und nachdem er ihr die Hand gereicht hat, antwortet er - wir wollen mit Ihrem Vater sprechen, ist er zu Hause? - Fast sofort antwortet das Mädchen - mein Papa kommt, gehen wir auf jeden Fall in unser Haus, kommen Sie mit! - Dann führte er die beiden Freunde in das Innere des Hauses, das fast vollständig seine Struktur zeigte, die aus Holz, vor allem aus edlen Holzarten, geformt war, das mit der Handhabung von fachkundigen Händen in der Tischlerei,   stolz seine Farben und holzigen Adern zeigte, die die Augen einluden, sich auf das zu konzentrieren, was sie ausstrahlten.

Wenn Sie an einem Ort ankommen, an dem viel Platz und Stühle und Tische vorhanden sind, hören Sie - Sie können sich hinsetzen und eine Weile warten, mein Vater kommt -, wie Sie darauf hinweisen, das Mädchen macht eine Geste mit der Hand, lädt Sie ein, sich zu setzen, und geht dann mit einem kurzen Lächeln auf ihrem jungen Gesicht. Während die junge Frau hinter einer Tür weggeht, stehen beide Freunde von ihren Sitzen auf und nähern sich den Wänden des Gebäudes, der erste, der spricht, ist Alberto - ich mag diesen Ort, ich finde ihn ziemlich ruhig und geräuscharm, schauen Sie! Wenn ich mich auf den alten Weihnachtsmann beziehe, was für ein schönes Holz der Ort ist, an dem diese Menschen leben; ihre Pflanzen und Blumen zeigen ihre ganze Pracht, man kann die Sorge um das, was sie entwickeln, bemerken - der alte Mann mit den weißen Haaren dreht sich auf seine Schritte und erwähnt - ich kann den guten Geschmack, den man hier bei der Verwendung von Holz und Pflanzen sieht, nicht leugnen, aber was mich am meisten erfreut hat, ist das, was mein Körper fühlt, wenn ich hier bin, denn es ist der Mantel der Ruhe und der freundlichen Stille, der eingeatmet wird, er lässt mich an mein Zuhause, d.h. unser Haus, denken; die ich hoffentlich bald wieder sehen werde - es reicht nicht aus, Alberto, einzugreifen, wenn man den Lärm der sich öffnenden Türen hört, um den langsamen Gang einer Person, die sich dem Ort nähert, an dem sie sich befand, vorbeigehen zu lassen. Wenige Sekunden später erscheint ein großer, etwas dünner Mann mit dunkler Hautfarbe und schwarzen Haaren, der sich mit einem ungezwungenen Lächeln den Fremden nähert und sie mit der Hand begrüßt - wie geht es Ihnen, ich freue mich, Sie zu begrüßen! Mein Mädchen hat mir mitgeteilt, dass ich gesucht werde, und hier bin ich, wie kann ich Ihnen behilflich sein? Ich habe vergessen, Ihnen zu sagen, dass meine Tochter mir gesagt hat, dass diejenigen, die mich suchten, Männer waren, die als Weihnachtsmann und Assistent gekleidet waren. Ich sehe, dass sie sich in ihrer Einschätzung nicht geirrt hat - der alte Weihnachtsmann, ein wenig erstaunt über so viel Freundlichkeit, lässt seine rechte Hand über seinen gefügigen Bart gehen und zeigt - ich bin überrascht von der Freundlichkeit Ihrer schönen Tochter und auch dafür, dass sie so freundlich ist, die Wahrheit, dass mein Freund Alberto und derjenige, der spricht, wir sind von so weit her gereist, nur um etwas über Sie und Ihre Familie zu erfahren - der Hausbesitzer geht ein paar Schritte auf ein großes Fenster zu, durch das man einen großen Berg sehen kann, der mit großen Bäumen bedeckt ist, die in der Ferne als große Wächter gesehen werden könnten, die eisern aufgestellt sind, um ihren Platz zu verteidigen, nachdem er durch das Glas so viel grüne Unermesslichkeit gesehen hat, wendet sich der Mann ein paar Schritte auf denjenigen zu, der gerade fertig gesprochen hat, und ruft aus - zuerst möchte ich Ihnen sagen, dass mein Name Jaime ist, und genau wie Sie bin ich erstaunt über das, was ich gerade gehört habe, um was es geht? - Bei einer solchen Frage schauen sich die Besucher ein wenig nervös, unbehaglich an, denn wenn sich ihre Augen treffen, lassen sie erkennen, dass die Zeit gekommen ist, sich demjenigen zu öffnen, der ihnen die lange Reise in den letzten grünen Winkel der Welt ermöglicht hat. In dieser Umgebung macht er seine Anwesenheit, diese intakten, unbeweglichen, kalten und stillen Sekunden, die das natürliche Licht, das den großen Speisesaal noch schützt, zu zerschneiden scheinen, dann spricht der Weihnachtsmann wieder - wie ich Jaime sagte, wir Alberto und ich haben eine lange Reise gemacht, um bei Ihnen und Ihrer Familie zu sein. Mein Name ist wirklich Santa Claus, und mit meinem Freund sind wir vom Nordpol gekommen, um zu wissen, wie es sich persönlich anfühlt, wie sich Weihnachten wirklich abspielt. Ich weiß, Sie werden mir nicht glauben, aber bevor Sie sprechen, zeige ich Ihnen etwas, das Ihnen gehört - er hat zu Ende gesprochen und aus seinen roten Kleidern nimmt er ein winziges Stück Papier heraus, das er, nachdem er versucht hat, es zu strecken, dem Mann namens Jaime reicht. Nachdem er das Papier erhalten hat, geht Jaime durch den großen Speisesaal und nachdem er es gelesen hat, hebt er den Kopf und schaut seine Gefährten an und drückt aus - dieses Papier hat mich angenehm überrascht, darin habe ich eine der größten Emotionen meines Lebens geschrieben, aber gleichzeitig ist es schwierig zu glauben, dass Sie wirklich das sind, was Sie sagen, dass Sie sind, und dass Sie auch vom Nordpol kommen - also geht Alberto dem alten Heiligen voraus und versucht zu erklären - für uns war Ihr Brief, den Sie in den Händen halten, ein großer Anreiz, um zu kommen und die wahre Realität auf der Erde zu sehen, aber ich finde es auch sehr fair, dass Sie dem Gesprochenen misstrauen, aber ich habe noch ein anderes Zeichen, das ihn letztendlich davon überzeugen sollte, was wir sind, und zwar dieses - er beendet sein Gespräch, geht zu dem alten roten Sack, den der Weihnachtsmann gebracht hat, nimmt ihn in die Hand und dreht ihn von innen nach außen, so dass er leer erscheint und wieder redet - er hat gerade festgestellt, dass nichts drin ist, und jetzt möchte ich, dass Sie an die Spielsachen denken, die Sie als Kind angefordert haben, und dann gehen Sie dazu über, Ihre Hand in den Sack zu stecken und zu sehen, was Sie bekommen - Jaime sein glückliches Gesicht von Anfang an, Er hatte es in eine Besorgnis und Verwunderung verwandelt, er bemerkte, dass seine Füße etwas schwer waren, aber er zwang sie trotzdem, auf einen roten Sack zuzugehen, der in den Händen des alten Heiligen lag; Als er vor ihm stand, schaute er auf und sah den alten Mann, der ihn vertraut ansah, dann wusste er, dass er seine Hand in den rötlichen Sack stecken musste, als er seine Hand auf das Unbekannte richtete, schloss er die Augen und dachte vielleicht an die schönen Jahre, als er ein Kind war und plötzlich eine Bewegung machte, als ob er nach etwas greifen würde, und nach und nach nahm er seine Arbeitshand heraus. Als sein langes Glied auftaucht, sieht er, dass ein Spielzeug daran befestigt ist, und wenn er seine Handfläche öffnet, zeigt er seine Figur. Es war ein grünes Patrouillenradio, das, wenn es gegen den burgunderfarbenen Keramikboden gestellt wird, schnell anfängt zu funktionieren, als wäre es ein echtes Auto, in diesem Moment scheint Jaime zu vergessen und merkt nicht, dass seine Frau Angelica, seine Tochter Valentina und sein Sohn Nicolas das Familiengelände betreten. Sein Körper hockt auf dem Boden, schiebt den Funkwagen noch einmal und sieht zu, wie er sich über den Boden bewegt; in einer augenblicklichen Bewegung dreht er sich zu dem weißhaarigen alten Mann und sagt: "Wenn Sie der Weihnachtsmann sind, können Sie mir erlauben, das andere Geschenk, an das ich mich erinnere, aus Ihrem Geschenkbeutel zu nehmen? - Der Weihnachtsmann, ohne zu antworten, nickt mit dem Kopf - über das, was der Fall zu sein scheint, bewegt er seine Hand zurück in den Beutel, und nun ändern seine Augen ihren Ausdruck und ihr Leuchten, besonders wenn er seine Hand langsam und fest gegen etwas Eingeklemmtes ausstreckt. Einige Sekunden ohne jede Unterhaltung oder Ton lassen sie sich in diesem Esszimmer zeigen oder erscheinen, als plötzlich alle Assistenten beobachten, wie eine Hand mit dem, was sie erreicht haben, erscheint. Der überraschte Jaime schaut mit seinen Fingern auf das, was er gefangen hat, und legt es sanft auf den Boden, in diesem Moment sehen alle Anwesenden am Ort ein Feuerwehrauto, das mit Tönen in seinem Körper aus roten, gelben   Treppen und seinen Rädern derselben Farbe dazu anregt, ihn anzuschauen, um diese zufällig vorbereitete Route zu passieren.

Lange Minuten der Fahrt dieses Fahrzeugs dienten dazu, zu beobachten, wie Jaime ohne Sorgen oder Nervosität zusammen mit der Funkstreife unterhalten wurde. Nach einigen Minuten bleibt Jaime stehen und lässt seinen Körper am Fußboden ruhen. Dort beruhigt er sich und schaut sich um, und so sieht er seine Frau und seine zwei Kinder, die ihn ebenfalls liebevoll anschauen.

Ein paar Sekunden vergehen ohne jede Unterhaltung, plötzlich sagt Jaime - ich weiß nur, dass ich, ohne zu merken, dass ich gehandelt habe, und ich habe nichts gemerkt, ich habe mich einfach wieder wie ein Kind gefühlt, mit der Gesellschaft meiner Geschenke aus den vergangenen Jahren, es war fantastisch für mich - dann beugt er sich vor, um die Spielsachen, mit denen er unterhalten wurde, aufzuheben und gibt sie dem Mann mit dem Aussehen des Weihnachtsmanns, Dieser hingegen stoppt ohne zu zögern mit der Handfläche die Übergabe und kündigt Ihnen an - obwohl Ihre lieben Spielsachen rechtzeitig erschienen sind, ist es nicht relevant, dass wir etwas so Geschätztes von Ihnen behalten, also behalten Sie es, und Sie werden sich von Zeit zu Zeit an den wunderbaren Moment Ihrer Kindheit erinnern können und es wird auch eine Sekunde geben, die an uns erinnert. Was wirklich notwendig ist, ist zu wissen, ob dieser Test dazu gedient hat, dass Sie glauben, was wir sind und warum wir hierher gekommen sind, um Sie zu treffen; auf jeden Fall wird der letzte Test für Ihre Verurteilung bald kommen, wir werden Sie und Ihre Familie ankündigen.

Was Alberto und mich wirklich dazu veranlasst hat, zu Ihnen nach Hause zu kommen, war dieser Brief auf Ihrem Esstisch, und aufgrund dieses Briefes baten wir Sie, uns die von Ihnen geschriebene Version zu geben, die uns an den Höhepunkt oder den Tod von Weihnachten denken lässt, was in dem Brief ausgedrückt wurde, den wir nicht verstehen konnten, es wäre sehr gut, wenn Sie

erklären Sie es uns, denn es vermittelt uns den Eindruck, dass wir bei etwas versagt haben, und wir möchten eventuell vorhandene Fehler ausgleichen, um den Traum von so viele Kinder, die an diesen fantastischen und schönen Tag glauben, der Weihnachten ist - Am Ende dieser Worte sieht der Hausbesitzer seine Kinder an und spricht sie an, er sieht sie an und sagt - Ihr Kinder wisst, was vor einem Jahr geschah, als wir uns am Weihnachtsbaum trafen und ich, euer Vater, etwas erklären musste, das ich so lange in mir behalten hatte, wie es war, euch die Wahrheit darüber zu sagen, wer die Geschenke an diesem Tag brachte, erinnert ihr euch? - Vor einer solchen Frage geht das Mädchen nach vorne und weist darauf hin - in Wirklichkeit war es ein etwas seltsamer Moment, da sich die Wahrheit mit dem Virtuellen vermischte und Sie es so lange ertragen konnten, nur für uns, obwohl wir mit meinem Bruder Nicolas hier, wir hörten, was Sie uns informierten, ich wage Ihnen vor meiner Mutter Angelica und diesen Herren zu sagen - sie schaute die Besucher an -, dass unser Weihnachten immer wunderbar, glücklich, auffallend war, verbunden mit einer Atmosphäre der Nervosität, weil wir nicht wussten, wann und in welchem Moment unsere Geschenke ankommen würden; Es war schön zu wissen, dass - insofern als der erwähnte Vater seine Schritte einschaltet und die Besuche angeht, die nichts anderes tun, als den Mitgliedern der Familie zuzuhören. Als er ein paar Zentimeter von ihnen entfernt war, sagt er ihnen - wenn sie wirklich wissen wollen, was der Grund für diesen Brief war, müssen sie mir eine Weile zuhören, also setzen Sie sich hin und ruhen Sie sich aus, während meine Kinder ihm Saft aus Äpfeln aus unserem alten Hain holen -

Der Weihnachtsmann und Alberto nehmen Platz und lassen ihre etwas müden Körper in bequeme Sitze fallen, die sie dazu einluden, sich aufeinander zu stützen; Als das erledigt war, zog der Hausbesitzer einen Stuhl heran und deutete an - als Nicolas und Valentina geboren waren, begann ich, nach und nach, während sie aufwuchsen, eine Möglichkeit zu finden, ihnen zu Weihnachten Geschenke zu schicken, ohne dass sie es merkten, und zu diesem Zweck verbündete ich mich mit meiner hier anwesenden Frau, meinem Vater namens Ramon, Meine Mutter, Adelaide genannt, und manchmal sogar ein Freund, Joseph, nahmen daran teil - man hört einen leisen Gang durch den Raum, von jemandem, der den Ort betritt und mit einem Tablett mit Kristallgläsern erscheint, es war Nicholas, der an den Händen hielt, lange Gläser, die einige mit einer bleifarbenen Flüssigkeit und andere orangefarbene zeigten, was dazu anregte, sich zu freuen. Nachdem sie sich selbst bedient und das Angebot genossen haben, richten die Teilnehmer langsam ihren Blick auf Jaime, der in diesem Moment sein Glas träge auf einen Kaffeetisch fallen ließ, der vollständig aus einheimischem Holz gebaut war.

Der Hausbesitzer atmet die Luft ein, hält kurz inne und setzt seine Geschichte fort - ich erinnere mich, dass ich meinen Kindern jedes Jahr, wenn der Monat November kam, zu erzählen begann, dass nur noch wenig Zeit für den Weihnachtsmann und seine Rentiere blieb, um am Weihnachtstag mit der Verteilung der Geschenke bzw. Präsente für die Kinder zu beginnen. Dort konnte ich beobachten, wie sie, meine Kinder, einander mit solcher Freude und Unschuld ansahen, dass sie alle Kraft und Energie der Welt an die Oberfläche brachten, um gemeinsam mit meiner Frau, meinem Vater und meiner Mutter ein so großartiges Date zu begrüßen - in diesem Moment steht sie von ihrem Sitzplatz auf, schaut jeden Zuhörer an und deutet an - wenn ich das sage, was Sie gerade hören, scheint es mir unglaublich, Ihnen die Dinge zu erzählen, die getan wurden, um den Weihnachtstraum aufrechtzuerhalten; Ich erinnere mich also daran, dass ich die Geschenke, die ich in der Stadt gekauft hatte, auf dem Boden der Karosserie meines alten Lastwagens liegen ließ und sie erst bei meinen Eltern abholte, wo ich sie bis zum fraglichen Tag versteckte. Wenn die Zeit gekommen war, ging ich nachts los, um die Geschenke aus dem Haus meiner Vorfahren zu holen, das sich in der Nähe, etwa 200 Meter von hier entfernt, befand, und nachdem ich sie in meinem Besitz hatte, benutzte ich die für die Kinder vorbereiteten Dekonzentrationen und sorgte mich darum, die Geschenke unter ihren Betten, auf ihnen und in anderen Fällen um den Weihnachtsbaum herum liegen zu lassen, Auch jetzt erinnere ich mich noch, dass wir meinen Eltern jedes Jahr in Komplizenschaft mit ihnen sagten, dass der Weihnachtsmann auch einige Geschenke im Haus der Großeltern hinterlassen hat. Als es dann soweit war, also am 24. Dezember um Mitternacht, gingen wir alle in das Fahrzeug, um zu sehen, ob wir den Weihnachtsmann sehen konnten, und ließen die Geschenke unter dem von meinen Eltern vorbereiteten Baum zurück. Ich erinnere mich, dass bei einer Gelegenheit die ganze Familie damit einverstanden war, dass mein Vater, um den Weihnachtsmann zu überraschen, indem er die Geschenke hinterließ, auf Wache bleiben würde oder auf der Wache, die heute nicht mehr bei uns ist; als die Uhr Mitternacht schlug, eilten wir also zu Großvaters Haus, um den Mann mit der Tasche und dem roten Anzug zu treffen, aber als wir ankamen, schlief mein Vater in seinem Schaukelstuhl, den er als Zimmermann gebaut hatte, offensichtlich war alles schon im Voraus zwischen meiner Mutter und meinem Vater besprochen worden. Als meine Kinder diese Szene sahen, wurden sie so wütend auf ihren Großvater, dass sie ihm sein Unbehagen anmerkten, gerade eingeschlafen zu sein, als der Weihnachtsmann die Geschenke unter dem Weihnachtsbaum liegen ließ. Ich erinnere mich, dass mein Vater sich erklärte und sich bei meinen Kindern entschuldigte, weil er eingeschlafen war, weil diese jungen Leute so begierig darauf waren, den Weihnachtsmann zu entdecken und sich mit ihm zu unterhalten, dass ihm die gegebene Argumentation nicht diente, und so stellten wir in diesem Moment des Gesprächs fest, dass auf dem Weg die Holztreppe hinauf, die mit dem zweiten Stock des Hauses verbunden war, eine leere rote Getränkedose stand, die wir unter all den überraschten Assistenten zu dem Schluss kamen, dass der Weihnachtsmann sie genommen hatte, weil er von so vielen Spaziergängen um die Häuser in der Stadt durstig sein würde. Die Geschehnisse veranlassten die Kinder von da an jedes Jahr dazu, "Alarme" vorzubereiten, die helfen sollen, die Ankunft des Weihnachtsmannes an Weihnachten zu erkennen. Mehrere wurden von ihnen strategisch gebaut; davon habe ich große Erinnerungen, die mit Fotos greifbar sind, die stumme Zeugen der Schönheit dieser Momente sind. Offensichtlich war der alte Pascuero, wie der Weihnachtsmann hier genannt wird, nie überrascht, die Geschenke erschienen immer, aber derjenige, der sie brachte, wurde nie erwischt, er schaffte es immer und war uns allen voraus -

Anscheinend waren mehrere Minuten vergangen, und es war nur eine Stimme zu hören, die des Hausbesitzers, vielleicht brachte ihn das zum Nachdenken, und er hielt dann inne, um anzubieten, den Apfel- und Orangensaft, der für diesen Anlass arrangiert worden war, weiter zu teilen. Eine kurze Zeit in Minuten rückte vor, und als der Durst gestillt war und zwischen all den unterhaltsamen Gesprächen lapidare Kommentare gemacht wurden, fanden alle ihre Unterkünfte und stellten sich in Position, um die Weihnachtsgeschichte weiter zu hören.

Bevor die Geschichte wieder beginnt, zuckt Jaime mit den Schultern, runzelt die Stirn, atmet leise und entblößt - ich möchte alle Anwesenden darauf hinweisen, dass die Tage vor dem Ereignis Weihnachten die schönsten und freudigsten Momente waren, die ich mit der Vorbereitung der Einkäufe hätte verbringen können, Vorsichtiges Reisen, damit ich, wenn ich nach Hause kam, nicht von den Kindern erwischt wurde, die Stunden, die wir mit meinen Eltern verbrachten, um die Lieferung der Geschenke zu planen, all die Umzüge, die nur Sekunden von der Uhr entfernt gemacht wurden, die uns mitteilte, dass Weihnachten gekommen war und dass es an der Zeit war zu warten, wo der Weihnachtsmann mit seinem Sack voller Geschenke auftauchen konnte; Ich muss Ihnen sagen, dass ich viele Jahre lang ein sehr glücklicher Vater war. Ich kann bezeugen, dass ich in seiner ganzen Fülle wusste, was Glück ist, als ich meine Kinder rennen sah und von den Geschenken überrascht wurde, die eindeutig mit ihren Namen identifiziert wurden -

Er macht eine Pause, trinkt etwas Saft, diesmal Orangensaft, und fährt mit seiner Erzählung fort - von all den Jahren, die ich in dieser Ära gelebt habe, hätte ich mir nie vorstellen können, dass im Laufe der Jahre ein Tag kommen würde, an dem meine Kinder getrennt zu mir sagen würden - "Papa, meine Klassenkameraden haben mir gesagt, dass es keinen Weihnachtsmann gibt, dass sie dumme Väter sind und dass sie diejenigen sind, die die Geschenke kaufen" - fährt Jaime fort - jedes Mal, wenn ich diese Worte gehört habe, und ich weiß, dass ihr mir nicht glauben werdet, aber ich fühlte, dass mein Herz ein wenig wachsen würde, ich wurde von einer großen Traurigkeit überwältigt, ich wollte, dass sie verschwindet, aber ich schaffte es nie, sie verschwinden zu lassen, weil ich nicht anerkennen wollte, dass sie erwachsen geworden waren und dass die Zeit gekommen war, ihnen ins Gesicht zu schauen und zu erkennen, was ihre Freunde ihnen bezüglich der Geschenke zu Weihnachten sagten -

Jaime steht von seinem bequemen Sitz auf, geht langsam durch den Speisesaal und lässt die Anwesenden seinen Rücken sehen, evoziert - ich erinnere mich, dass meine Frau hier mehrmals gesagt hat - Jaime die Kinder scheinen bereits zu erkennen, dass es den Weihnachtsmann nicht gibt, was sollen wir tun? - der Erzähler, dreht sich um und lässt ein großes Fenster aus feinem Holz hinter sich, das große weiße Wolken zeigte, die glücklich schienen, langsam die Seiten eines Gebirgszuges zu durchqueren, die ihre imposante Gestalt zeigten, als ob sie demjenigen, der sie beobachtete, zu verstehen gaben, dass wir vor einer solchen Majestät demütiger sein sollten; Ich möchte Ihnen sagen, dass ich die Situation zwei Jahre lang ignoriert habe, eine

Zeitspanne, in der ich zwar alles getan habe, um sie unbemerkt zu machen, aber in den Augen meiner Kinder immer noch sehen konnte, dass die Wahrheit ihren Einzug halten und die so heftig aufrechterhaltene Virtualität verdrängen wollte; ich muss zugeben, dass sie sehr sanft und diskret mit mir umgegangen sind, vielleicht haben sie es getan, um mir kein Unbehagen zu bereiten, und auf diese Weise muss ich ihnen nach einiger Zeit für diese Geste danken, und ich tue es jetzt, indem ich sie anschaue und ihnen danke für das, was Sie getan haben!, weil sie mir, ihrem Vater, erlaubten, noch zwei Jahre lang zu träumen, eine Zeit, die für mich sehr wichtig war, da ich begann, eine verbale und emotionale Position zu einer Realität vorzubereiten, die für mich sehr schwer zu erkennen war und die tief im Inneren darin bestand, zu wissen, dass sie erwachsen geworden waren und nicht mehr die Kinder waren, die ich immer sehen und haben wollte - wenn man nicht gut zu Ende gesprochen hat, hört man eine leise, aber feste Stimme, war die Tochter Valentina - ich möchte vor allen hier ein paar Worte sagen, und sie sind für meinen Vater, und ich werde mich auf die Tatsache beziehen, dass wir mit meinem Bruder hier an meiner Seite und unserer Mutter immer wussten, von der Anstrengung, die Sie im Kreuzzug unternommen haben, um das Bild des Weihnachtsmanns in unserem Haus am Leben zu erhalten, und das war wunderbar, denn jedes Jahr war es spektakulär, es waren keine großen Geschenke, aber wir haben immer etwas erwartet, und Sie waren immer besorgt, es uns zu bringen; Im Namen dieser Zeit und dieser Hingabe möchten wir Ihnen für alles danken, was Sie getan haben, und was für eine bessere Gelegenheit als vor den Menschen, die anscheinend die wahren Besitzer von Weihnachten sind, wie der Weihnachtsmann und sein Mitarbeiter Herr Alberto - er nähert sich sofort seinem Vater und die ganze Familie ist in einer glücklichen Umarmung, als ob er den erzählten Moment bestätigen und fast leben würde.

Etwas distanziert war Alberto, der aus seiner Ecke ein paar Schritte und Gesten mit einem Frageton vorträgt - wenn der Zauber der Weihnacht in diesem Fall vorbei ist, was gedenken Sie dann als Familiengruppe zu tun? In dem eine andere Stimme zu hören ist, die alle Assistenten zurückkehren lässt, war es Angelica, die Besitzerin des Hauses, die vor den Blicken lächelnd erscheint, ihr Gesicht ein wenig dünn, um deutlich einige Augen von klarer Farbe, wie der Honig, das Haar, das es schmückte, war von derselben Farbe, eine Schürze auf ihrer Brust scheint mit der eingenommenen Position unangenehm zu sein, Er gibt jedoch sofort auf, als die Frau mit ihren bearbeiteten Händen ihn glatt streicht und darauf hinweist - ich erlaube mir zu sagen, dass wir uns zusammen mit meinem Mann sehr bemüht haben, jedes Jahresende so zauberhaft wie Weihnachten für uns zu gestalten, aber jetzt wissen wir alle, dass es nie wieder so sein wird wie früher, aber zufrieden mit der erfüllten Mission, ihrer Kindheit zu helfen, normal zu sein, und dass sie an Weihnachten das Zeichen des Fantastischen haben würden - er hielt inne, um tief durchzuatmen und fügte dann hinzu - ich möchte meine Worte mit der Bemerkung beenden, dass ich sehr zufrieden mit unseren himmlischen Besuchern bin, ich könnte mir so etwas nie vorstellen, Deshalb höre ich nicht auf, dem Leben zu danken, für das, was es mir gegeben hat, und für die Möglichkeiten, die es mir bietet - hören Sie sich das an, treten Sie einen Schritt zurück und schauen Sie zur Seite, wo ein Stuhl steht, der in der Bequemlichkeit seiner Struktur bereit zu sein scheint, die Frau, die ihren Arm ausstreckt, um ihn aufzunehmen und so eine Ruheposition einzunehmen.

Alle Anwesenden scheinen des Sprechens oder Zuhörens müde geworden zu sein, denn für einige Sekunden kann man nur das leise Geräusch des Holzes eines aufgestellten Stuhls hören; Man kann auch die Meeresbrise wahrnehmen, die durch ein offenes Fenster hereinströmt, und wenn jemand ein kleines Boot vom Kaffeetisch wegbewegt, das in der einen Hand zu sagen scheint, dass es segeln will, dann kann man es hören - und ich beginne erst jetzt, seinen Brief Don Jaime zu verstehen - es war der Weihnachtsmann, der gesprochen hat, Sein schwerer Körper bewegt sich auf dem Boden des Hauses und hält seinen Bart in der rechten Hand, fährt er fort - als ich ihn auf den eisigen Ebenen um unser Haus am Nordpol empfing, muss ich ehrlich erklären, dass ich vom Inhalt seines Schreibens so betroffen war, dass ich beschloss, zu reisen und mich selbst von der Situation zu überzeugen, die ihn betraf, und dass es auch in meinem Interesse lag, als Garant für Weihnachten zu fungieren. Nun, aufgrund der Geschichten kann nichts getan werden, um den in diesem Haus erreichten Zauber wiederzuerlangen, aber ich möchte Sie freundlich bitten, weiterhin zu lächeln, der Wahrheit gegenüber tolerant zu sein, den Farben Ihrer räumlichen Anordnung, der Freude Ihrer Gesichter, der Einheit, die hier mit einer solchen Intensität zu spüren ist, und Sie werden den magischen Heiligenschein spüren können, der einst so präsent war und den Sie mit Ihrer Bereitschaft wiedererlangen können, Ich weiß, dass es schwierig ist, aber man erreicht etwas durch Anstrengung, man erreicht nichts, ohne die Welt der Opfer durchlaufen zu haben, deshalb fordere ich Sie auf, die bereits verstrichene Zeit nach und nach zu kompensieren - alle schauen zu und besonders die Familie, die besucht wird, nicken mit dem Kopf dem Mandat des guten Mannes zu; Sie können nicht in ein Gespräch einsteigen, wenn sich die Küchentür öffnet und eine kurze, lächelnde Frau erscheint, die in der einen Hand einen Kessel und in der anderen Hand dampfendes Brot hält, was ein deutliches Zeichen dafür ist, dass sie frisch gebacken ist.

Es war ein sehr fröhlicher und gut bedienter Elf, auf dem Tisch standen selbstgebackenes Brot, Apfelmarmelade, Kuhkäse und einige Töpfe mit gemahlenem gekochtem Ei. Es gab auch einen Pudding, bei dem nur ein Stückchen herausgenommen wurde, als treuer Zeuge der Köstlichkeit, und einen Erdbeer-Kuchen, bei dem am Tisch nur wenig Widerstand übrig blieb, um zu sagen, dass man, wenn er einmal neben einer so angenehmen Gruppe und etwas weiter weg war, einen Kumpel sehen konnte, der auf der rechten Seite ein Päckchen Yerba ohne Stäbchen hatte, der anscheinend sehr ruhig darauf wartete, dass die üblichen Verkoster es aussuchen, damit es der übliche Begleiter für diese Abende des Tages sein konnte.

Durch das Holzfenster konnte man einen imposanten Berg sehen, der uns in seiner mittleren Höhe den langsamen und kadenzierten Flug mehrerer Jotes sehen lässt, das sind Aasvögel, die langsam schwingen, als ob sie vor der Anwesenheit eines toten Tieres warnen würden. Viel näher war das Lied zu spüren, das von den Schwalben provoziert wurde, die an Drähten anhielten und ihre Fähigkeiten beim Putzen ihrer weichen und schönen Federn zeigten. Alle haben darüber nachgedacht, wie natürlich der Ort dekoriert war, als Sie Jaime sagen hörten - ich möchte Ihnen illustre Besucher sagen, dass Sie zu keinem genaueren Zeitpunkt als heute ankommen konnten, da Ihr Besuch mir die Möglichkeit gegeben hat, mich wieder zu treffen, als ich ein Kind war, ich schaue immer noch auf diese Geschenke und bin gerührt, sie heute bei mir zu haben, ich habe es auch geschafft, aufrichtig über alles zu sein, was ich während der Weihnachtstage mit meinen Kindern gemacht habe, zu entdecken, dass meine Familie mir auch zwei weitere Jahre den Zauber dieser Tage geschenkt hat, und zu all dem können wir ihre wunderbare Herkunft von so weit weg hinzufügen, die uns allen hilft, eine Atmosphäre zu verstärken und intensiv zusammenzuarbeiten, die wir als Erwachsene, die wir jetzt alle sind, ein wenig in Übereinstimmung mit dem zu leben wissen, was wir früher getan haben - man spürt einen leisen Husten, als ob er den Eintritt in das Gespräch signalisieren würde, Es war Alberto - ich persönlich war von der Traurigkeit meines alten Freundes berührt - er zeigt auf die Figur des Weihnachtsmanns - ich sah ihn ziemlich betrübt und wusste nicht, warum er so war, bis er mir seine Sorge über einen Brief mitteilte, der den Höhepunkt der Weihnachtszeit zu bringen schien, als Ausdruck der Liebe und Freude in einigen Häusern der Welt, Nun, auf diese Weise wurde die Reise gemacht, um dich zu suchen - indem die Hand des Weihnachtsmanns sich bewegt, als ob sie nach dem Wort fragt und sich ausdrückt - es war sehr unangenehm die Position, die ich mir mit dem, was ich gelesen habe, angeeignet habe, aber jetzt, wo ich an diesem Ort bin, möchte ich sagen, dass meine Ängste verschwunden sind, denn ich weiß, dass ich wieder inneren Frieden finden werde, aber nun wollen wir sehen, wie wir den Weg nach Hause finden werden - dies provozierte ein Lächeln von allen Gästen, von einem Tisch, der auf seiner Holzabdeckung von den Bewegungen auszuruhen schien.

Außerhalb des Hauses beginnt der Nachmittag, und mit dem langsamen Gleiten der in großer Zahl anwesenden Vögel ist der Moment vorgesehen, die Rückreise anzutreten. Alberto, als ob er die natürliche Botschaft der Vögel und einiger Kühe erkennt, die in der Ferne Schritt für Schritt auf der Suche nach der Dicke des Berges gleiten, um sich auszuruhen, steht von seinem Sitz auf und zeigt - der genaue Moment ist gekommen, um Sie ausruhen zu lassen, und andererseits setzen wir unseren Spaziergang fort, ist es nicht der Weihnachtsmann? - Der Mann mit den langen weißen Haaren beantwortet diese Frage - da Sie immer Recht haben und es natürlich ein guter Zeitpunkt ist, zu gehen, morgen müssen wir unsere Arbeit fortsetzen - und die Familie, der das Haus gehört, versucht, sich zu bemühen, ihre Besucher zum Bleiben zu bewegen, aber die berücksichtigten Verpflichtungen sind stärker als die Wünsche aller Teilnehmer, einer so ungewöhnlichen Begegnung.

Als wir alle am Straßenrand stehen und auf die Ankunft der Fortbewegung, auf die Fahrt zurück in die Stadt warten, sehen wir plötzlich in der Ferne aufgewirbelten Staub, ein sicheres Zeichen dafür, dass ein großes Fahrzeug auftaucht, in der Tat! es ist ein Bus, der sich mit geringer Geschwindigkeit nähert. Der Abschied für diese Zeit ist lang und voller Erstaunen und auch mit einiger Trauer, denn beide Parteien, also die Menschen, die bleiben und die, die gehen, wussten, dass sich das, was zwischen ihnen geschah, nie wiederholen würde und sie sich vielleicht nie wieder sehen würden, es waren mit diesen Eigenschaften die letzten Worte oder die Botschaft des Weihnachtsmannes, Bevor Sie in den Bus einsteigen - ich weiß die Gelegenheit zu schätzen, die Sie mir gegeben haben, und wenn Sie wünschen, können wir uns noch einmal dort treffen, wo wir arbeiten, aber vor Weihnachten, danke für alles, auf Wiedersehen -, können Sie einen Bus sehen, der von einem Ort abfährt, wo vier Menschen am Rand einer steinigen Straße stehen und sehen, wie er vor Ihren Augen wegfährt, ein so unglaublicher Moment, den Sie erlebt haben.

Die Ankunft in der Stadt ging etwas schnell, da beide Personen die verbrachten Stunden nicht wahrnehmen konnten, da sie während des größten Teils der Reise von Als sie aufwachten, war das erste, was sie fühlten, das Geräusch der Hupen und Motoren der Fahrzeuge, die unangenehm zu sein schienen, weil sie nicht genug Platz hatten, um sich von so vielen Lebewesen gemeinsam loszureißen.

Als sie aus dem Bus aussteigen, halten ihre reisenden Freunde an und bringen ihre Sachen in Ordnung. Als sie ihren Spaziergang wieder aufnehmen, dreht sich der Weihnachtsmann um und sagt ein paar Worte - ahhh! du warst es, der meine Hand geleckt hat, wie hast du mich gefunden? Treuer Hundefreund - er bückt sich sofort und nimmt einen Hund in den Arm, der sich in seinen Freudenarmen windet, eine Geste, die er mit einer endlosen Anzahl von Lecken und scheinbar endlosen Bewegungen demonstriert, nur die Stimme Albertos stoppt die Verspieltheit zwischen einem Mann und einem Tier - Weihnachtsmann-Freund die Nacht kommt und wir müssen nach Hause gehen, Auf jeden Fall muss ich zugeben, dass ich schockiert darüber bin, wie der Hund Sie gefunden hat, es war, als hätte er an diesem Ort auf Sie gewartet - wenn er seinen Spaziergang wieder beginnt, sagt der Weihnachtsmann - die Tiere sind großartig und alle haben oder tun etwas, das keine Erklärung hat, wie das, was heute mit diesem Hund passiert ist, auf jeden Fall habe ich seine Loyalität und Liebe genossen -

Nach der Ankunft an ihrem Ruheplatz beschließen beide Freunde, nichts zu essen und ziehen langsam in ihre jeweiligen Zimmer, um eine erholsame Pause zu beginnen, für einen Tag, an dem die Dinge, die gelebt haben, nicht wie üblich katalogisiert werden können.

Am nächsten Morgen fiel ein durchdringender Lichtstrahl direkt in die Augen des friedlich schlafenden Weihnachtsmannes, der unter dem langsamen Blinzeln des Schlafenden die Haut reagieren ließ und ein solches Eindringen bemerkt, in diesem Moment öffnen sich die Augen, die mit ihrem Öffnen und Schließen zeigen, dass sie sich bei so viel Licht unwohl fühlen. Schnell steht der unbequeme Mann aus seiner horizontalen Position auf und geht zum Fenster, um ein paar Vorhänge zu schließen, die sich schnell darauf vorbereiten, als Schutzschild zu fungieren, um die Person vor dem Angriff von so viel Licht zu schützen, die zu dieser Morgenstunde bereit ist, den Ruhebereich zu betreten.

Beim Frühstück stehen zwei Personen auf jeder Seite eines rustikalen Holztisches, der mit einem kleinen Tischtuch zu suggerieren scheint, dass sein Körper es wert ist, betrachtet und analysiert zu werden, und so hat Alberto es anscheinend verstanden, als er ihn ansah und zum Ausdruck brachte - ich glaube, dass hier eine gute Arbeit mit dem Tisch geleistet wurde, man merkt das Anliegen, seine ursprüngliche Form zu erhalten, wenn er zu einem Baum gehörte; Auch wegen seines Geruchs wage ich zu behaupten, dass er zur Familie Cupresáceas gehören könnte - bevor der Weihnachtsmann ausruft - Sie haben mich mit der Analyse beeindruckt, ich wusste nicht, dass Sie ein Gelehrter in der Kenntnis von Bäumen sind; Alberto macht eine Pause und fügt hinzu - ich liebe es, über alles Bescheid zu wissen, auch über die Natur, vor allem über Bäume - über Bäume, die die Besitzerin des Ortes, an dem wir arbeiten - sagt der Weihnachtsmann - heute wird sie uns einen Baum schenken, der die Ankunft von Weihnachten symbolisiert, also beeilen wir uns mit dem Frühstück, denn wir müssen unsere Arbeit so schnell wie möglich beenden, denn in drei Tagen müssen wir diesen Ort verlassen, um uns wieder mit unseren Freunden, unserem Zuhause, zu treffen.

Die Ausgangstür des Gasthauses öffnet sich, und als sie auf die Straße treffen, sehen beide Männer, wie ein Hund den Kopf hebt und sie anschaut und gleichzeitig seinen zusammengerollten Körper schüttelt und auf sie zugeht, als würde er die Begegnung mit Freude begrüßen. Beide Personen verbeugen sich, um verschiedene Streicheleinheiten auf dem Kopf und dem Fell des Tieres zu geben. Über den Weg zur Arbeit wurde wenig gesprochen, aber es war sehr unterhaltsam, weil der treue Hund, der jetzt scheinbar glücklich war, zu einer Familie zu gehören, beim Gehen oder Laufen verschiedene Kapriolen machte. Die Ankunft an der Arbeitsstelle war mit Ruhe, es gelang ihnen nicht, ihre Taschen auf dem Boden zu lassen, als die Besitzerin des Ortes erscheint und nach der Begrüßung ein paar Umdrehungen macht und mit den Armen auf dem Rücken sagt - liebe Herren, wie Sie wissen, ist Weihnachten hier bereits installiert, deshalb habe ich Ihnen diesen Baum mitgebracht, der dieses denkwürdige Datum für uns alle darstellt, ich möchte, dass Sie ihn an dem von Ihnen gewählten Ort

72

aufstellen, aber arbeiten Sie mit ihm, um die Werbung des Augenblicks hervorzuheben; Ich hoffe, dass ich mich bei der Übermittlung der Botschaft klar genug ausgedrückt habe - in diesem Gewerbegebiet gibt es eine kurze Pause und dann ertönt eine Stimme -, ich kann Ihnen im Namen von Alberto und mir nur für Ihre Sorge um unsere Arbeit danken, aber gleichzeitig möchte ich darauf hinweisen, dass wir, obwohl uns noch einige, genau drei Tage bleiben, uns nach besten Kräften bemühen werden, dass Ihr Betrieb gut läuft - sie schließt mit der Bemerkung, dass der Eigentümer ungläubig hinzufügt -, ob Ihnen so wenige Tage bleiben, um Ihr Haus, also den Nordpol, zu besuchen? - Die Männer sehen weiter, als ob sie verstehen, dass die Dame ihre besondere Situation nicht glaubt, ohne miteinander zu sprechen, und sie binden ihre Taschen auf und lassen die Gelegenheit zur Antwort verstreichen.

Der Vormittag zeigt sich in aller Ruhe, aber im Laufe des Vormittags kann man sehen, wie die Leute in dem kleinen Einkaufszentrum ankommen, und es ist so, dass die Leute schon gegen Mittag viel Geld ausgeben, um das zu kaufen, was der Ort bietet. Man bemerkt eine große Anzahl von Leuten um Alberto und den Weihnachtsmann, die sich nach Kräften bemühen, den Ort bekannt zu machen, gleichzeitig aber nicht damit aufhören, die Kinder zu unterhalten, mit den kleinen Geschenken, die nicht aus der roten Tasche des Mannes mit den langen weißen Haaren herauskommen. Es war etwa 13.40 Uhr, als die Menge herunterkam, also hielten beide Freunde an und setzten sich zur Ruhe, sie waren gerade dabei, als sie plötzlich ein kleines Mädchen sahen, das die Augen nicht von ihnen nahm; die Freunde standen wieder von ihren improvisierten Sitzen auf und richteten ihre Schritte dorthin, wo das Mädchen war, als sie vor ihr waren, kam Alberto nach vorne und sagte - Hallo schöne Frau! wie heißen Sie? - Eine leise Stimme sagt - ich heiße Marianela - und besteht erneut darauf, dass Alberto - Marianela, was für ein schöner Name, und wie können wir Ihnen helfen? - Das kleine Mädchen schaut sie an und scheint nicht sprechen zu wollen, also beugt sich der alte Weihnachtsmann neben sie und sagt - kleiner Freund, sag mir mit Zuversicht, was wir für dich tun können, sieh zu, dass wir dir helfen können, wenn du willst - wieder gibt es eine Pause, aber diesmal bleibt das kleine Mädchen stehen und geht zum Baum, und als sie ankommt, zeigt sie auf - in meinem Haus zu Weihnachten kommt selten ein Geschenk für mich und meinen Bruder, Aber was wir noch nie hatten, ist ein so schöner Baum wie dieser, und mit diesen Geschenken - die auf zwei kleine Geschenke zeigen wie eine Kuh mit ihrem Kalb und einer Gummipuppe - stehen die beiden Männer da und schauen sich an und reden nicht miteinander, der Weihnachtsmann hebt ein paar Meter von Alberto ab und kommt herüber, um mit dem Mädchen zu sprechen, Marianela, wenn Sie denselben Baum haben wollen, dann wird Ihr Wunsch in diesem Moment in Erfüllung gehen, das heißt, Sie werden ihn mit nach Hause nehmen, und wenn Sie nicht einverstanden sind, werden Sie uns wieder besuchen, um zu sehen, was wir noch tun können. - Das Mädchen, das etwas verwirrt ist und nicht weiß, was es tun soll, schafft es nur, den Weihnachtsbaum zu nehmen und ihn subtil zu streicheln, dieser Herr wird Sie nach Hause bringen, zum Baum und zu den Geschenken; wenn Sie uns wieder besuchen, wird er uns erzählen, wie er Ihre Familie gefunden hat - ein wenig nervös und ein wenig besorgt über die Vergangenheit, das Mädchen antwortet nicht und geht mit dem Wächter und seinen Geschenken weg; Die beiden Freunde nähern sich, ohne Anzeichen von Fremdheit zu zeigen, wieder ihren Sitzen, lassen sich in sie hineinfallen und beobachten den Boden, auf dem Alberto spricht - ich glaube, es war eine gute Tat, die wir mit dem kleinen Mädchen gemacht haben, ich fühle mich beruhigt, die Möglichkeit zu haben, jemandem so jungen zu helfen - fast ohne die Zeit verstreichen zu lassen, sagt der Weihnachtsmann - ich denke das Gleiche wie Sie, ich fühle mich sehr gut über das, was ich getan habe, aber wenn Sie das Gespräch abrupt ändern, würden Sie mich dann zum Mittagessen einladen? - Alberto lächelt und nickt mit dem Kopf, und beide machen sich auf den Weg zu den kürzlich Verkündeten.

Nach etwa 45 Minuten, die das Mittagessen verzögert haben, kehren sie zum Ort ihrer Arbeit zurück, wo sie mehrere Personen in Begleitung ihrer Kinder vorfinden, die auf sie warten, sie begrüßen und freundlich lächeln, sicherlich angezogen
für die Geschenke, die sie den Kindern gemacht haben, und auch dafür, dass sie ihren großen Weihnachtsbaum gesehen haben, der wegen seiner großen Höhe und der feinen Dekoration einen Unterschied machte, was zusammen mit den Geschenken dazu

beitrug, über die große Ankunft von Weihnachten nachzudenken, was sich noch mehr widerspiegelte, als jemand in der Menge fragte, was mit dem Baum passiert sei, in diesem Moment standen die beiden Freunde da und schauten und reagierten und hatten das Gefühl, dass sie den fraglichen Baum jetzt nicht wirklich hatten. Angesichts dieser Situation tritt der Weihnachtsmann vor und sagt laut - wenn Sie ein paar Minuten auf mich warten, haben wir den Baum sofort für Sie - und nimmt seinen Stock und erinnert sich an das, was Eleanor gesagt hat, also gleitet er mit der Hand über das fein gearbeitete Holz und umwickelt sanft den Knauf, er schließt die Augen, als ob er andeutet, dass er in Trance sei, nach ein paar Minuten geht er ein paar Schritte zurück und nimmt die Position ein, als ob er auf etwas wartet, in diesem Moment kommt der Besitzer des Ladens und fragt den Weihnachtsmann - was geht hier vor? Warum sind so viele Menschen um Sie herum versammelt? Ist etwas Schlimmes passiert? - Der alte Mann mit dem roten Sack, etwas verwirrt, antwortet - die Wahrheit ist, dass der Baum, den Sie uns geliehen haben, damit wir ihn benutzen können, ich war verpflichtet, ihn einem schönen kleinen Mädchen zu geben, das sagte, sie hätte ihn nie in ihrem Haus gehabt, also gab ich ihn ihr, aber keine Sorge, bald wird eine Replik dessen, was Sie gegeben haben, ankommen - ich war gerade damit fertig, den Fall zu erklären, wenn man ein leises Geräusch und die Anwesenheit einer Art Nebel hört, der einen großen Teil des Ortes bedeckt, an dem sie sich befanden, hat die Tatsache offensichtlich eine Erwartung unter den Anwesenden hervorgerufen, und noch mehr, wenn der Nebel beginnt, sich aufzulösen und mit ihm langsam auf dem Boden einen großen Weihnachtsbaum zu sehen, der kleine Geschenke hatte, die schnell viele Kinder dazu einluden, sie mitzunehmen und in seinem Lächeln die natürliche und zärtliche Freude der Kleinen zu sehen.

Fast ohne es zu merken, geht Alberto auf seinen Freund zu und sagt ein paar Worte - Alter Freund, was hast du getan? - Als der fragliche Mann die Worte fühlte, drehte er den Kopf, sah ihn an und antwortete - als ich merkte, dass wir den Baum nicht mehr hatten, erinnerte ich mich an die Worte, die Eleanor am Stock gesagt hatte, wissen Sie noch? Und so habe ich einfach das getan, was sie gesagt hat, und nun, dank dessen konnten wir den Verlust für einen guten Zweck wiedergutmachen, das ist alles - sofort, und als ob das noch nicht genug wäre, kommt Antonina, die Frau, der das Geschäft gehört, auf uns zu, die sichtlich beeindruckt ist und sich die Ursache des Geschehens ansieht und sie fragt - wie haben Sie das gemacht? Sind Sie ein Zauberer? - Der Mann, ohne den fragenden Blick der Frau zu vermeiden, hält ein wenig inne und sagt - was Sie gesehen haben, wurde durch diesen Stock verursacht, den Sie beobachten und der von so weit her gebracht wurde, ich dachte nur an den starken Wunsch, das zurückzuholen, was wir weggegeben hatten, und das reichte für das, was wir erlebt haben - Die etwas verstörte Frau schafft es nur zu sagen - ich weiß nicht, ich weiß nicht!

Am Ende dieses geschäftigen Nachmittags beginnen die Männer, ihre Sachen und alles, was mit dem Weihnachtsbaum zu tun hat, wegzuräumen, was der Auslöser für eine irreguläre Situation ist. Danach geht Alberto auf seinen alten Freund zu und sagt ihm - anscheinend hat die Dame des Ortes nicht an den Wert unseres Wortes geglaubt - er hört einen tiefen Atemzug und dann einen Ausdruck - es scheint mir, dass er mit dem, was heute passiert ist, erkannt hat, dass es uns wirklich gibt, und er muss analysieren, was mit ihr passiert ist, denn er konnte nicht erkennen, was auf seine Seite gekommen ist, das versichere ich Ihnen - er weist schließlich auf den Weihnachtsmann hin.

Die Rückkehr zum Rastplatz verlief diesmal langsamer als sonst, weil es sich aufgrund der Geschehnisse um einen anderen Tag als die anderen handelte und weil der treue Hund, der sie begleitete, die Füße der beiden Freunde überquerte, die sie fast nicht gehen ließen. Diese Situation veranlasste Alberto zu sagen - wir müssen wissen, was wir mit unserem Hundefreund tun werden, wenn wir gehen, er kann nicht einfach irgendwo bleiben - angesichts dessen, was erwähnt wurde, bleibt dem Alten im roten Sack keine andere Wahl, als zu antworten - wenn die Zeit kommt, bin ich sicher, dass wir wissen, was zu tun ist, genießen wir vorerst seine Gesellschaft -

Nach einem erfrischenden Bad mit heißem Wasser treffen sich die beiden Freunde im Speisesaal des Hauses, in dem sie untergebracht waren, und bereiten das für sie zubereitete Abendessen vor. Die Gerichte verströmten einen sanften Geruch, aber von einer tiefen Exquisitität, die die Gäste zur Eile bei der Verkostung einlud, und das alles zusammen mit der außergewöhnlichen Färbung der Salat- und Rote-Bete-Salate, die mit ihren Kontrasten nicht nur zum Essen, sondern auch zum Nachdenken über die Güte der Natur einluden, Produkte von solcher Qualität und visueller Harmonie anzubieten.

Der Klang von Utensilien wie Messer, Löffel und Gabel gab den Auftakt zum Genuss des Essens, Geräusche, die sofort von einer Stimme begleitet wurden, die sich wie eine Tür zum Eingang des Gesprächs öffnete - wir haben hier nur noch drei Tage Zeit und müssen noch die Geschenke an die sechs Briefe liefern, die sie anfordern, nicht wahr, der alte Weihnachtsmann? - Sanft wurde die Serviette oben auf dem rechten Bein abgelegt, eine Situation, die es dem Mann erlaubte, sich zu beruhigen und folgende Bemerkung zu machen - es stimmt, was Sie Alberto angekündigt haben, nämlich, dass es nicht mehr wenig Arbeit gibt und wir den Prozess beschleunigen müssen, denn wenn wir es für unwahrscheinlich halten, können wir sogar einen Fehler in der Programmierung machen, Wie es schon einige Male geschehen ist - er hielt kurz inne und fuhr fort - werden wir auf der Grundlage des Gesagten zunächst ab morgen mit der Verteilung der Geschenke beginnen, deshalb bitte ich Sie, uns jetzt nach dem Abendessen zu unterstützen, um zu wählen, mit wem wir gehen, mit dem, was uns von uns selbst anvertraut wurde.

Das Abendessen wurde zwar nur langsam eingenommen, aber jeder, der an diesem Abend an diesem Ort zugesehen hatte, hätte bemerkt, dass die so charakteristischen Gäste ihren überschwänglichen guten Appetit unter Beweis gestellt hatten. Die Zeit Die Nacht vergeht unkontrolliert, bis jemand sagt - mal sehen, wen wir mit der Übergabe der Geschenke zurücklassen -, darin hört man - lieber Alberto, wir müssen erst einmal unseren Schlitten haben und daran denken, dass Ramón pünktlich um 3 Uhr ankommen wird:00 Uhr morgens am 25. Dezember zum Treffpunkt, für unsere Rückkehr - es vergehen einige Sekunden und Alberto weist darauf hin - haben Sie völlig Recht, aber jetzt, wo Sie es anzeigen, müssen Sie den Polarstern wieder besetzen, damit Ramon durch sein Medium weiß, dass er sein Kommen um Stunden vorverlegen muss - indem der Weihnachtsmann seine Hände auf den Tisch, der sie begleitet hat, fallen lässt und sagt - wenn morgen der neue Tag erscheint, Ich werde das Signal an Ramon senden, damit er seine Reise fortsetzen kann, und ich denke auch, dass die Verteilung der Geschenke nach dem Zufallsprinzip erfolgen wird, und zwar direkt in der Nacht der Fröhlichkeit für die Kinder - nachdem sie eine Tasse Kräuter für einen besseren erholsamen Schlaf genossen haben, verabschieden sich beide Figuren und werden wieder gesehen, wie sie in ihre jeweiligen Zimmer gehen.

Die Stunden und Tage vergehen, ohne dass diese Weihnachtsfiguren manchmal über ihren Fortschritt Bescheid wissen, da die große Arbeit, die sie umgibt, die Hektik der vielen vorbeikommenden Menschen und ein etwas heißes Klima dazu beitragen, dass die Körper am Ende eines jeden Tages erschöpft sind und der einzige Gedanke ist, schnell in die Arme des Gottes Morpheus zu fallen.

In der Ferne, auf dem Gipfel des Berges, wird er deutlich als die Sonne in einem respektvollen Akt gesehen, scheint sich langsam vom Mantel der Dunkelheit zu lösen und steigt in die Unermesslichkeit eines blauen Tischtuchs auf, das noch immer die Blitze einiger leuchtender Sterne enthält, die sich förmlich weigern zu sterben.

Die Schritte der Männer zu ihrem Arbeitsplatz wurden als hastig und etwas ungeduldig bezeichnet, sicherlich weil sie wissen, dass dies die letzten Minuten sind, die sie an diesem Ort sein werden. Die Ankunft war schockierend, weil es viele Väter gab, die auf sie warteten, um die Möglichkeit zu haben, einige Geschenke für ihre Kinder oder Enkelkinder zu erhalten. Fast ohne Unterbrechung legten beide Freunde ihre Sachen auf den Tisch und begannen, Produkte oder Waren von der Handelsfirma anzubieten, die sie eingestellt hatte.

Im Laufe der Minuten versammelten sich die Menschen um sie herum, vor allem wegen der Geschenke, die sie machten, und auch, weil sie sahen, wie der Weihnachtsmann seine Hand in den roten Sack steckte, einen Ort, an dem er nie aufhörte, Geschenke zu nehmen, und gleichzeitig war Alberto dafür zuständig, sie den Kindern zu geben, die geduldig und sehr lächelnd auf sie warteten und sie dann empfingen; davor zeigten die Eltern ihre Freude, da sie sahen, dass ihre Kinder auf ihren Gesichtern eine endlose Anzahl von Linien zeichneten, die nur viele Lächeln zeigten.

Die Stunde des Tages ging zu Ende, und die beiden Freunde, die etwas müde waren, nahmen ihre Sachen und nachdem sie sich ein wenig vorbereitet hatten, leiteten sie ihre Schritte unter einigen Leuten, die noch im Laden waren, und stiegen die Treppe hinauf, die zum Besitzer des Ladens führte. Das Läuten der Glocke schien bei dieser Gelegenheit aufzufallen, was die schnelle Reaktion des Sicherheitsschildes der Tür begünstigte, um die beiden Personen hereinzulassen, die sich über den Zweck ihres Besuchs, nämlich die Entfernung von der Arbeit, im Klaren waren.

Eine sehr gut gekleidete Dame stand mit dem Rücken zum Raum und schaute aus einem großen Fenster, wahrscheinlich an einen sehr entfernten Ort, aber als sie hörte, dass die Männer immer tiefer in den Raum gingen, drehte sie ihren Körper um und stellte sich ihnen gegenüber und sagte - meine Herren! Nach ein paar Stunden des Geschehens neulich, mit dem plötzlichen Auftauchen des Weihnachtsbaums aus dem Nichts, kann ich nicht aufhören, an ihren ersten Auftritt zu denken, ich habe damals nichts verstanden und habe mich danach sogar ironisch über ihren Auftritt verhalten. Ich möchte nicht, dass Sie mich so ansehen, wie Sie es jetzt tun, als ob Sie mir meine Dummheit verzeihen, ich weiß heute um mein fehlgeleitetes Verhalten, vor dem ich Sie um Ihren Blick der Größe bitte und verzeihen Sie dieser Frau, die nicht wusste, wie man zuhört oder schaut - am Ende herrschte ein langes Schweigen, in dem es schien, dass niemand es wagte, einzugreifen, es war der Moment, in dem es gehört wurde - erlauben Sie mir, Ihnen Frau Marianela zu sagen, dass unser Eingreifen in diesen

Breitengraden philanthropische und wahrheitssuchende Züge unseres Handelns hat, vieles davon ist erfüllt worden, aber ich als Weihnachtsmann und mein Freund Alberto haben noch viel zu tun, und dafür brauchen wir Zeit, und die werden wir bekommen, indem wir Sie vorher bitten, den Vertrag mit uns zu beenden, aber wir haben uns dabei ertappt, wie wir Sie um Verzeihung bitten, für etwas, das Sie oder irgendjemand hier nie geglaubt hätte, bis wir gesehen haben, was Sie selbst beobachtet haben, also Es ist wichtig, dass Sie sich von jeder Schuld frei fühlen, denn obwohl wir Ihnen gesagt haben, wer wir sind und woher wir kommen, müssen wir zugeben, dass wir uns nicht bemüht haben, Sie unsere Geschichte glauben zu lassen und damit zu einer gewissen Komplizenschaft unsererseits, damit die Wahrheit nicht bekannt wird, deshalb bestehe ich darauf, dass es in dieser Sackgasse keine Schuldigen gibt und noch weniger Sie - die etwas unbequeme Frau sieht Sie an und fügt hinzu - die Vorgehensweise, die wir gemacht haben, überzeugt mich und ich bin dankbar, Ich kann mich jedoch von dem Erstaunen über das, was ich beobachtet habe, nicht erholen, für mich ist es etwas Schönes und Unerhörtes, das ich im Leben miterleben durfte - es herrschte Schweigen zwischen allen, und dann geht es weiter - hinsichtlich der Tatsache, dass Sie nicht mehr hier arbeiten, ich muss Ihnen Folgendes sagen: Es war sehr angenehm, mit Ihnen zusammen zu sein, so etwas hätte ich mir nie vorstellen können, die Verkäufe sind spektakulär gestiegen, und wir haben die Präsenz der Kunden in unserem Geschäft erhöht, alles ist in dieser Absprache zwischen Ihnen und uns gelungen. Der größte Erfolg dieser Union ist jedoch von Ihnen herbeigeführt worden, und es ist logisch, sich zu fragen, wie, Nun, es ist durch die Hunderte von Kindern und Eltern gegangen, die die freundlichen, liebevollen Worte der Hoffnung erhalten haben, die Sie gegeben haben, zusammen mit den unzähligen Geschenken, die Sie gespendet haben und die ohne Unterbrechung aus "dieser kleinen Tasche" kamen - in diesem Moment beugte sie sich vor und berührte eine rote Tasche, die etwas gefaltet war, Ich muss auch darauf hinweisen, dass Sie den Eindruck erwecken, sich von so viel Arbeit auszuruhen - die Frau setzt ihr Gespräch fort -, dass Sie mir den Eindruck vermitteln, dass Sie das Geschehene nicht sehr genossen haben, da Sie viel laufen müssen, nicht viel essen und außerdem viel arbeiten mussten, nicht wahr? - Alberto lässt seine Knöchel klingeln,

80

während er sich ein paar Meter vorwärts bewegt und sagt - als wir uns zu dieser Reise entschlossen haben, sprachen wir über die möglichen Ereignisse, die wir finden können, aber wir mussten es selbst tun, woraus eine große Erfahrung entstand, die zusammen mit allem, was sich entwickelt hat, gelernt hat; wir gehen nicht unglücklich weg, im Gegenteil, es hat das erneuert, was uns passiert ist, besonders hier bei der Arbeit, vorher haben wir Worte der Dankbarkeit für die Gelegenheit, die sich uns bietet, abgesehen davon, dass wir so vielen Kindern und Eltern geholfen haben; aber auf direktem Wege hat er uns viel Wissen und Weisheit gegeben, um Aktionen zu retten, die uns helfen werden, unser Management im Bereich der Brüderlichkeit, Geduld, Toleranz und Unterstützung vor allem für die Kinder, die es am meisten brauchen, zu verbessern - sofort und ohne Worte hinzuzufügen leitet er seine Schritte zu einem Tisch, wo sie sich zusammen mit seinem alten Freund darauf vorbereiten, die notwendigen Papiere zu unterzeichnen, Dann ist es Zeit, sich zu verabschieden, was sich in einer starken Umarmung und in Worten guter Lehre ausdrückt, die allen helfen, sich ein wenig zu entspannen und die Gesichter lächeln zu lassen, die eine Atmosphäre der Ruhe verraten. Als die Abreise der beiden Männer begann, stürzt sich ein Hund von der Straße mit seinem Bellen und seinen Schwanzbewegungen, die seine Anwesenheit spüren lassen, bevor der Beobachter spricht - es ist ein guter Hund! Was für eine Art, auf uns zu warten, er verdient einen Bissen Essen auf unsere Kosten, denken Sie nicht, Alberto - die Figur spielte auf Nicken an und geht über die Straße zu einem Laden, Minuten später verlässt er das Geschäft mit einer Tasche im Arm, eine solche Situation ließ einen Kauf für den glücklichen Hund voraussagen. Tatsächlich wurde das, d.h. das Futter, schnell in einen Pappteller entleert, den der glückliche Hund dann zum Verzehr eingeladen wurde. Während die Männer dem Hund beim Fressen zusahen, konnte man auch spüren, wie sie die Gelegenheit zu verpassen schienen, die Situation um das Tier zu analysieren, das sie so lange begleitet hatte, und nun mussten sie es praktisch aussetzen. Das Bellen des Hundes, das sich wie ein Dankeschön für das gelieferte Essen hörbar machte, riss beide Menschen aus ihren Gedanken.

Sie waren einige Meter auf ihre Ruhestätte zugelaufen, als der Weihnachtsmann sagt -
mit der Zeit kommt es mir vor, als wären wir gestern angekommen, aber das ist nicht
der Fall, wir stehen an der Schwelle zum Aufbruch von diesem Ort, wo wir die
Gelegenheit hatten, Menschen zu treffen, Geschichten zu hören, die Stille dieser Orte
zu kennen, die ihren Raum zum Verweilen suchen und suchen, die meiste Zeit nicht
gefunden, wir haben sogar gelernt, mit so vielen Menschen zu teilen, es war gut, dass
wir uns getraut haben, zu kommen - als Antwort auf das, was gesagt wurde, fügt
Alberto hinzu - ich möchte mich dem anschließen, was Sie gesagt haben, dass wir
zufrieden sein müssen, dass wir so vielen Kindern, einschließlich ihrer Eltern, geholfen
haben, ich fühle die gleiche ein wenig Abneigung, wenn ich daran denke, was nächstes
Jahr passieren wird, wenn wir nicht mehr sind - Mann, seien Sie nicht so stolz! Jemand
wird unseren Platz mit der gleichen oder einer besseren Leistung einnehmen, also bitte
nicht traurig sein, es ist besser zu denken, dass auch gute Dinge nachgebildet werden
können - am Ende sagte man Der alte Weihnachtsmann.

Bevor er die Tür des Hauses schließt, in dem sie sich aufhielten, kniet der
Weihnachtsmann nieder und streichelt den Hund, der ihn ansah, als warte er auf das
Spiel seiner Hände auf dem Rücken, nach einer Weile bewegt er sich weg und sucht
mit dem Schwanz wedelnd langsam nach einem alten Karton, der neben dem Haus
stand und als Bett für die Nacht diente. Letzterer kam bald und kündigte seine Ankunft
mit einem langen dunklen Mantel an, den nur die Straßenbeleuchtung, die seinem
eigenen Widerstand ausgeliefert war, sich weigerte, zu empfangen, als wolle er seine
schwache, aber gleichzeitig tapfere Leuchtkraft angesichts so viel Undurchsichtigkeit
zum Ausdruck bringen.

Der Tag dämmerte, begleitet von einer Sonne, die schüchtern schien, denn ihre
Strahlen schienen nicht zu stören, ja sogar langsam aufzusteigen, als ob sie einer Dame
in Weiß, die kaum noch zu sehen war, erlauben würde, sich in den Ruhestand zu
begeben. Die wenigen majestätischen Bäume der Stadt standen auf, als ob sie den

Sonnenkönig einladen würden, ihnen etwas Wärme zu geben, die Kälte loszulassen, die sie bedrückte; im gleichen Zeitraum konnte man das Gezwitscher einiger kleiner Vögel hören, die versuchten, die Ankunft eines neuen Tages anzukündigen.

Eine niedrige Vegetation zeigte auch ihre Reaktion auf das durch ihre Anwesenheit auferlegte Licht, und sie taten dies offenbar vergeblich, indem sie versuchten, den kleinen Tau, den sie sammeln konnten, um ihren täglichen Durst zu stillen, festzuhalten.

Fast ohne es zu merken, ersetzte der Morgen den dunklen Mantel der Nacht durch einen Mantel von größerer Klarheit und Farbe, der sich sofort als Besuch einer Stadt präsentierte, die gerade ein langsames Erwachen begonnen hatte. Durch das Fenster des Gasthauses, das die Männer vom Nordpol beherbergte, konnte man eine dicke Gestalt sehen, die mit ihren Augen die Straßen, Häuser und Tiere, die man zu dieser Stunde sehen konnte, durchsuchte und untersuchte.

Dieser Tag war nicht der normale Tag, er war etwas ganz Besonderes, vor allem für die Männer, die eines Tages aus so weit entfernten und eisigen Ländern einen gemäßigteren Ort suchten, um zu wissen und zu erfahren, wie das Leben im Allgemeinen ist. Es war der Tag vor Weihnachten, und es gab noch viel Arbeit zu erledigen; eine sehr lange Nacht kam mit der Lieferung von Geschenken und einer ebenso langen Reise durch die Dunkelheit, die sie nach Hause bringen würde. In Wirklichkeit war es nicht irgendein Tag und es gab keinen Raum und keine Zeit mehr, um zurückzugehen, man musste sich dem stellen.

KAPITEL VII: *DIE LETZTEN GESCHENKE*

Die Sitzung beim Frühstück verlief ruhig. Zum Abschluss des letzten Schlucks Milchkaffee sagt Alberto - wie sollen wir mit dem Rückzug von hier fortfahren, um genügend Zeit zu haben, die Geschenke, die wir haben, auszuliefern und dann nach Ramons Schlitten zu suchen, um uns in unser Haus zurückzuziehen. Der Mann mit dem langen weißen Bart steht vom Tisch auf und schaut ihn an, er deutet an - lasst uns alles vorbereiten, was wir zu nehmen haben, und lassen wir das, was wir zu geben haben, wie die Geschenke, und dann eine kleine Pause einlegen, um Ramon zu treffen, dort werden wir auf den Dienst des Stockes zählen müssen, um den Weg zu finden, der uns wieder zusammenbringt, also lasst uns an die Arbeit gehen! –

Nachdem sie wussten, was sie mitnehmen würden, packen beide Freunde ihre Sachen in ein Zimmer und gehen dort zusammen zu einem kleinen Paket, das, wenn es geöffnet wird, vier Buchstaben enthält, die ordnungsgemäß identifiziert sind und für die kleinen Jungen oder Mädchen bestimmt sind, denen sie die gewünschten Geschenke geben sollten.

Da alles in Ordnung ist, betont Alberto - nun, Weihnachtsmann-Freund, es ist Zeit, das zu übergeben, was uns nicht mehr gehört, gehen wir! - Es war wie ein Befehl, beide Charaktere beginnen wieder ihre Reise in Richtung eines anderen Schicksals als das, das sie vor Tagen erlebten. Die Anschriften der Briefe wurden fröhlich beschrieben, so dass man nur noch dorthin kommen sollte. Das erste Kind, das sie besuchte, war etwa 10 Blocks von ihrem Aufenthaltsort entfernt, so dass es eine Reise der Gedanken und der Beratung mit der örtlichen Bevölkerung war, um die Adresse zu finden. Als Sie in dem betreffenden Haus ankommen, werden Sie von einer etwa fünfundachtzigjährigen Dame empfangen, die fragt: "Meine Herren, was führt Sie hierher? - Der alte Weihnachtsmann tritt vor seinen Freund und sagt: "Die Wahrheit ist, dass wir gekommen sind, um ihm das gewünschte Geschenk für einen achtjährigen Jungen zu machen... Wo ist er? - In diesem Moment ist mein Enkel nicht hier, er ist mit seiner

Mutter zur Arbeit gegangen, er wird später zurückkommen, sagt die Dame - die beiden Freunde sehen sich und Alberto ohne weitere Fragen an, nähert sich der Dame und aus der roten Tasche, die sein Freund trug, zieht er eine Wasserpistole und einen großen Regenschirm und zusammen mit der Übergabe an die Dame sagt er - lassen Sie Ihren guten Enkel wissen, dass der Weihnachtsmann persönlich gekommen ist, um die bestellten Geschenke zu überbringen, und dass man ihm viel Glück in den kommenden Stunden wünscht, Frohe Weihnachten! - Sie waren etwa drei Schritte vorgerückt, als der Weihnachtsmann beobachtet, wie die Frau auf den Stufen des alten Hauses sitzt und sich umzudrehen und zu fragen wagt - warum der Regenschirm? - Die Dame schaut sich beide Besucher an und fügt hinzu - ich würde gerne glauben, dass ich einen guten Enkel und vielleicht morgen einen besseren Mann habe, aber ich verstehe das mit dem Regenschirm nicht -, dass der Weihnachtsmann antwortet - was passiert, ist, dass der Regenschirm nicht für ihn ist, sondern für seine Mutter, die im Stadtzentrum und auf dem Rückweg von der Arbeit Zeitungen verkauft, Oftmals kommt sie in den Wintertagen mit dem Regen sehr nass nach Hause, das hat uns der Junge in seinem Brief mitgeteilt, und er hat uns auch gesagt, "dass er, wenn er groß ist, die Arbeit machen wird, damit seine Mutter nicht mehr nass wird" - worauf die Dame mit den Worten endet - ah! Bevor Sie gehen, vielen Dank für die Geste, die Sie gemacht haben, die Wahrheit ist, dass in diesem Haus niemand damit gerechnet hat, also wird mein Enkel sehr glücklich und zufrieden mit dem, was passiert ist, sein, ebenso wie meine Tochter und ich, neue Gnaden und ein glückliches Weihnachten!

Angesichts dessen, was sie erlebt haben, gelingt es den beiden Männern nur, sich gegenseitig anzusehen und sich von der Dame zu verabschieden, indem sie zum Abschied die Hände heben, um dann ohne zu sprechen weiter zu gehen. Einige Minuten später, als der Weihnachtsmann ruft - ich bin schockiert, als Kind in diesem Alter! tut etwas so Großes für seine Mutter, ich glaube, wir hätten in diesem Haus kein besseres Geschenk machen können - fügt Alberto mit einem langsamen Ton hinzu -, haben Sie Recht mit dem, was Sie gesagt haben, und ist Ihnen klar? dass, je länger wir hier sind, desto mehr Lektionen des Lebens wir sammeln - in diesem Moment geht der

Hund, der sie seit ihrer Ankunft begleitet hat, neben ihnen her, als ob er noch einer wäre, und geht manchmal vorwärts, als ob er die Pfadfinderei machen würde. Mehrere Minuten vergingen, bis sie eine Gasse erreichten, die keinen Ausweg mehr bot. Die kleine Straße war nicht asphaltiert und der darin enthaltene Kies war fein, so dass es bei dem damals geringen Wind zu einer Staubaufwirbelung kam, die gefügig auf die vorbeifahrenden Figuren fiel.

Die Häuser des Ortes waren etwas klein, die durch ihre hölzernen Zäune einen winzigen Ort erkennen ließen, an dem man viele bunte Kleider sehen konnte, die einen Draht zierten, der von einem Holzstab gehalten wurde. Natürlich nutzten die Familien dieses Ortes die Sonne auf diese Weise, um ihre Kleidung zu trocknen. Als die Männer in die Gasse gingen, bemerkten sie, wie mehrere Personen durch die Vorhänge ihrer Fenster und andere mit unbedecktem Gesicht sie beobachteten; nicht umsonst waren beide als würdige Vertreter eines Ereignisses namens Weihnachten gekleidet.

Die Schritte der beiden Figuren blieben vor dem letzten Haus stehen, das sich nicht sehr von den anderen Häusern des Ortes unterschied, aber es war das einzige, das eine kleine Wasserlache hatte, die damals mehr Schlamm enthielt, was man bestätigen konnte, denn die Hände der beiden Kleinen waren gelähmt, als sie die Anwesenheit des Weihnachtsmanns und Albertos bemerkten. Diese kleinen Hände zeigten die Behandlung, die an einer Mischung aus Wasser und Erde vorgenommen wurde, sogar ein kleines, aber altes Holzboot, das von den Jahren zerfressen wurde, lag auf der Seite im Becken gestrandet, auf den ersten Blick war das Schauspiel überschaubar, denn das alte Schiff konnte seinen Weg aufgrund des Wassermangels nicht fortsetzen und in seiner Eigensinnigkeit, im Schlamm vorwärts zu kommen, war es atemlos und der Gnade der Gegenwart des Schlammes ausgeliefert, die selbstlos die Möglichkeit zu fordern schien, seine stoische Meeresstruktur zu bedecken.

Die Atmosphäre, die gerade zusammen mit der Gesamtheit der Mitglieder erzeugt wurde, und durch die Hinzufügung einer von allen gebührend berechneten Pause, verdiente etwas, das eine Veränderung hervorrufen würde, diejenige, die wegen jemandem eintraf, der fragte - Freunde! was macht ihr da? - Die beiden Kinder sehen sich an, dann schüttelt eines der Kinder eine Hand über sein Hemd, das keine weiteren Streicheleinheiten dieser Art zu wollen schien, und sagt - wir spielen nur mit meinem Bruder, das ist alles - und zeigt mit den Augen auf den Weihnachtsmann, er fährt fort - sind Sie der Weihnachtsmann? - Sofort hockt die erwähnte Figur auf dem Boden und fügt hinzu - ich bin in der Tat der Weihnachtsmann und mir gefällt sehr gut, was Sie tun, denn es ist zum Lachen und zum gesunden Spielen, jetzt, wo wir Sie gefunden haben, muss ich den Vorteil nutzen, Sie nach der Adresse eines Briefes zu fragen, den Sie mir geschrieben haben, die Adresse der Straße ist diese, aber ihre numerische Lage sehe ich nicht, die Hausnummer ist 18, wissen Sie, welche es ist? In diesem sehr langsam nähert sich ein dünner, großer Mann, mit einem breiten Lächeln, als würde er Fremde willkommen heißen und darauf hinweisen - ich habe gehört, was Sie gesagt haben, Sir, und das Haus, das Sie suchen, ist unser Zuhause, worum geht es? Der Weihnachtsmann steht mit einiger Mühe auf, grüßt den Mann, der fragt und sagt - gut, dass es dein Zuhause ist, denn das bedeutet, dass wir nicht mehr ständig danach suchen müssen, was bedeutet, dass ich in diesem Jahr einen Brief von einigen Kindern erhalten habe, die mich um einige Geschenke gebeten haben, und ich kam, um sie zu überreichen, um sie zu erfüllen, sind Sie der Vater? Der Mann, etwas ungläubig über die Situation, in der er lebte, sagt - ich bin der Vater dieser Kinder, und ich bin sehr überrascht über seine Bemerkung, dass ich einen Brief erhalten habe - nun, ich habe ihn erhalten - betont Alberto, Als wir uns dem Mann näherten - wir sind von so weit hergekommen und wollen uns mit seinen Kindern ein wenig vergnügen und seine Bestellungen überbringen - bemerkten alle Anwesenden die Anwesenheit einer Dame, die neben der Begrüßung aller ihre Hände an einer bereits etwas gebrauchten Schürze abwischte und mit ihrem freundlichen Gesicht zeigte, dass sie das Gehörte und die Kleidung der Besucher genoss.

Als ob das Eis des entstandenen Bruchs gebrochen wird, sagt der alte Weihnachtsmann - nun, meine Kleinen, kommt näher und sagt mir, worum ihr den Weihnachtsmann für dieses Weihnachten gebeten habt - fast unisono kommen die Kinder nach vorne und schreien fast - ich John bat um eine Wasserpistole und mein Bruder um einen Gummiball - ja! Ich habe um einen Gummiball gebeten", sagt der jüngere Junge - nachdem er das gehört hat, legt der alte Mann mit den langen weißen Haaren ein Knie auf den Boden des Wohnzimmers, Er bindet sofort die rote Tasche auf, die immer bei ihm war, und schaut auf den Kleinen, den er anspricht - Ihr Name ist Ernesto, wie im Brief geschrieben steht, und ich lade Sie ein, Ihre Hand in die Tasche zu stecken und alles, was Sie berühren, herauszunehmen, denn es wird Ihnen gehören - das Kind legt ohne zu zögern und mit einer gewissen Geschwindigkeit seine Hand in die Tasche und holt mit Hilfe der anderen Hand einen schönen Gummiball heraus, Er versucht zu gehen, aber eine Stimme besteht darauf - Sie haben noch ein Geschenk, machen Sie weiter und behalten Sie es - der Junge steckt die Hand wieder in seinen Sack und zieht einen Lastwagen mit einem Tank voll Benzin heraus, beide Geschenke werden an seine Brust gedrückt und er geht mit seinem Bruder; Fast ohne auf die Ordnung zu warten, macht Juan, das andere Kind, ein paar Schritte und bleibt stehen, dann hört man die Stimme von Alberto, der sagt - komm, hol deine Geschenke ab, sie warten auf dich - das Kind stürzt sich auf den Beutel, steckt seine Hände hinein und wenn es sie herausnimmt, kommen sie mit einer schönen Wasserpistole heraus, er macht eine kleine Pause und beobachtet, dass der Weihnachtsmann ihn durch Nicken einlädt, die Handlung zu wiederholen, er steckt seine Hand wieder in den Beutel und holt ein Passagierboot heraus, das mit seinen Farben nur Wasser zu brauchen schien, um seine immer langen und endlosen Reisen zu beginnen. Alberto nimmt einige Süßigkeiten heraus, die er an alle verteilt, und nachdem er die Freude auf allen Gesichtern, den großen und kleinen, gesehen hat, machen sie sich bereit, den Abschied zu beginnen.

Wenn sowohl Alberto als auch der Weihnachtsmann auf der Straße sind, merken die Einheimischen, dass die Kinder kaum auf die Besucher Rücksicht nehmen, da sie versuchen, mit ihrem neuen Spielzeug zu spielen. Dann holt der Vater der Kinder die Fremden ein, die Wahrheit ist, dass ich nicht weiß, wie ich Ihnen und meiner Frau für das danken soll, was Sie getan haben, es wird ein besseres Weihnachtsfest für meine Kinder in diesem Jahr sein, und ich schätze es als solches, danke für Ihre Unterstützung - Alberto als eine Art der Anpassung an die Eltern, sagt er - unsere Anwesenheit ist Ihren Kindern zu verdanken, ohne sie wären wir nie in der Lage gewesen, an Ihrer Seite zu sein, wir schulden Ihnen auch, dass Sie als Familie nichts zu danken haben - es war ein freudiger Abschied, Da die Kinder schon zusammen mit ihren Eltern auf ihre Weise dankbar sind für die Geste der Besucher - es waren schon einige langsame Schritte geschmiedet worden, als plötzlich andere Schritte hinter ihnen zu spüren sind, war es wieder der Vater der Kinder, der sie erreichte und fragte - meine Herren, Sie können nicht gehen und mich mit so großen Zweifeln verlassen, wie ich bei Ihrer Ankunft - sind Sie von einer Firma, die Sie für diese Arbeit engagiert hat? Der alte Weihnachtsmann stellt den Mann zur Rede und sagt - unser Zuhause ist am Nordpol, und gleich im Morgengrauen gehen wir weg, wir haben nichts zu verbergen, wir sind das, was er sieht, er glaubt immer noch, wir seien verkleidet? - sagt der Mann - ich kann es nicht leugnen - Nun, sagt Alberto, erinnern Sie sich an irgendein Geschenk, das Sie als Kind am meisten geschätzt haben? - Plötzlich entblößte der Mann - als hätte er einen Cowboy-Gürtel mit daran befestigten Pistolen vergessen, wir wechselten uns mit meinem Bruder ab, um ihn zu bekommen, es war fantastisch - der Weihnachtsmann kommt näher und sagt, bitte, wie Ihre Kinder, stecken Sie Ihre Hand in den Beutel, und was Sie herausnehmen, wird Ihnen gehören - ein wenig ungläubig der Mann und fast ohne zu wissen, was er da tat, Er steckt seine Hand in den Sack und zieht mit seinen Cowboy-Pistolen einen schwarzen Gürtel heraus - der Blick des Mannes verändert sich, er bewegt sich von einem Ort zum anderen und schafft es nicht, ein Wort zu sagen - da kommt Alberto und zeigt auf ihn - mit diesem Beweis wird er wissen, mit wem Sie und Ihre Familie heute zusammen waren, genießen Sie diesen Moment, und wir wünschen Ihnen gleichzeitig ein frohes Weihnachtsfest! Man sieht den Mann langsam auf sein Haus zugehen, aber in jedem Augenblick wendet er die Augen ab, um zu beobachten, wie sich die beiden Fremden von seiner Gasse wegbewegen, er spürt, dass etwas sein Herz gefangen hält, aber er weiß auch, dass es die Gegenwart einer großen Freude über das

Erlebte ist, und so rennt und rennt er und sieht sich in der Ferne, wie auf der gerade vorbeigehenden Straße der betroffene Vater seine beiden Kinder liebevoll umarmt.

Es war ein freudiger Moment für den Weihnachtsmann und Alberto, aber es stand ein langer Weg bevor, der zusammen mit dem Staub und der Hitze nicht leicht zu überwinden war - Sie wissen, dass Alberto ein angenehmer Moment war, der sich ereignet hat, und ich bin mehr davon überzeugt, dass ich die richtige Entscheidung getroffen habe, denn von so weit hergekommen zu sein, war ein echtes Geschenk für uns, meinen Sie nicht? - Natürlich! Ich halte es für ein großes Geschenk, diesen Ort kennen gelernt zu haben - sagt Alberto -, indem man ein vertrautes Bellen hört, natürlich war es der Hund, der sie empfangen hat, er hat die ganze Zeit auf ihn gewartet. Die Sprünge, die er auf den Kleidern seiner menschlichen Freunde machte, musste er ertragen, sein Schwanz schlug sehr schnell, und er sprang weiter und machte seine Freude darüber deutlich, sie zu sehen. Die beiden Männer begnügten sich damit, ihn zu streicheln und ein paar Worte zu ihm zu sagen, um dann den von ihnen vorgezeichneten Weg fortzusetzen, der bereits zu einem warmen Spaziergang führte.

Nach mehreren Pausen, um sich auszuruhen und ein wenig Wasser aus irgendeinem Schlüssel zu trinken, der bereit ist, ein so lebenswichtiges Element zu liefern, hört man den Lärm der Stadt, eine Situation, die sie unwissentlich dazu bringt, ihre Schritte zu beschleunigen, um in irgendeine Ecke zu schauen, den Rest, um den ihre Körper viele Stunden lang gebeten haben.

Obwohl das Mittagessen erst spät serviert wurde, half ihnen der Becher mit Kräutern, der sie schließlich begleitete, zum Gespräch anzuhalten und ihre letzte Lieferung der angeforderten Geschenke vorzubereiten. Als der Weihnachtsmann bemerkt, dass es Zeit ist zu sprechen, zeigt er an - guter Freund, wir müssen die letzten Geschenke überbringen und wir müssen herausfinden, wer sie ist und wo ihre Adresse ist - fast sofort antwortet Alberto - nun, ich habe es bereits herausgefunden und es ist ein Mädchen mit ihrem vollen Namen, Conny M. Stone und sie lebt 7 Kilometer südlich von hier - guter gehender Freund, mach dich bereit für die letzte Herausforderung für unsere Schuhe und Füße - sagt der Weihnachtsmann lächelnd.

Der Marsch beginnt, und es scheint der Hund zu sein, der ihn am meisten genießt, da er nicht aufhört, ständig an der Straße und all den dazugehörigen Weggabelungen und Ecken zu schnüffeln.

Der Vormarsch entlang der Straße brachte die seltsame Beobachtung von Einheimischen mit sich, die sie in Weihnachtskostümen sahen, die aber in den Augen der Menschen stark auffielen und vielleicht dachten, dass sie Menschen waren, die zu dieser Zeit engagiert wurden, um zu unterhalten. Der Eingang zu der ländlichen Ortschaft, machte die Anwesenheit von Rindern, die passiv kauen seine endlose Speisekarte von grünem Gras, begleitet von Wasser von Hang, dass sie mit der Ruhe des trinken, wer wartet, dass am Ende durch fallen am Nachmittag.

Unangenehm war der starke Hitzeschlag der Sonne am Nachmittag und die endlose Staubwolke, die die Fahrzeuge hinterließen und die früher nach Hause eilten. Ihr Spaziergang wurde jedoch fröhlich unterstützt durch das freie Springen vieler Schmetterlinge, die mit ihnen herumflatterten und zwischen den Blumen nach dem Nektar suchten, der sie einlud, stärker zu werden; auch der erzwungene Transit mehrerer Vögel, die mit ihren Geräuschen zeigten, dass die Natur auch ein Orchester hat, reich an hohen und tiefen Tönen. Die ungleichmäßigen Figuren auf den Baumstämmen, die sich im Rhythmus einer ab und zu aufkommenden Brise wiegten, ließen die imposante Schönheit der Arme hervortreten, deren Äste voller schöner Blätter nur nach allen Seiten schwankten, als wollten sie beobachtet werden. Ein entfernter Traktor wurde gesehen, wie er den Boden aufbrach, um ein weiches Bett für die Saatgutablage zu schaffen, was die Aufmerksamkeit der Reisenden auf sich zog, die sahen, wie die Technologie zur Entwicklung dieser ländlichen Gegend beitrug.

Als sie von ihrer letzten geplanten Ruhepause aufstanden, wussten sie, dass sie nicht mehr für diese langen und anspruchsvollen Übungen bereit waren, aber das war es, worauf sich beide geeinigt hatten. Das Zeichen des Eingangs zum Grundstück, das von einem Einheimischen so gut abgegrenzt wurde, ließ sie ruhig atmen, dass sie sich bereits in der Gegenwart des von der Sendschreiben gewählten Ortes befanden.

Es waren noch etwa hundert Meter zu gehen, als ein Hund herauskommt, der bellt, als ob er bei einem so gewagten Auftritt um Erklärungen bittet, doch bald wurde er in seiner Wut still, als er die Nähe und Haltung eines seiner Artgenossen sah, er war der Begleithund der Fremden, der sich schnell ganz nah an seinem vielleicht gegnerischen Hund arrangierte und ihn beschnüffelte, bis beide vor einer solchen Begegnung zu entspannen schienen.

Plötzlich fragt eine Frauenstimme - Guten Tag! Was wollen Sie, bevor Alberto antwortet - wir wollen nur wissen, ob hier die Dame Conny Stone wohnt - dann geht die Dame ein paar Schritte auf die Besucher zu und Sie hören sie sagen - Sie sind am richtigen Ort angekommen, es ist mein Mädchen, wozu brauchen Sie sie? Nachdem er die Hände geschüttelt hat, als ob er den Besuch formalisiert hätte, fügt Alberto hinzu - seine Tochter hat einen Brief an den Weihnachtsmann geschrieben, in dem sie nur um ein Geschenk bittet, weshalb wir von so weit hergekommen sind, um ihre Bitte zu erfüllen - ein kleines Rätsel, das die Dame namens Estefania, die die Reisenden dazu bringt, in ihr Haus zu gehen, Es war der richtige Moment, ihren Mann Gabriel vorzustellen, als wieder einmal die Erklärung für den Zweck des Besuchs gegeben wurde, das Knarren der Tür zu hören war und eine schöne junge Frau erschien, die mit ihren großen blauen Augen die Besucher impulsiv ansah, die, ohne es zu merken, von ihren Sitzen aus aufstanden und sich gegenseitig erstaunt ansahen, auf etwas, das keine Erklärung zu haben schien. Die Eltern sahen zu, wie die Ausländer sich unwohl fühlten, während gleichzeitig ein Schweigen herrschte, das erst durch den Weihnachtsmann gebrochen wurde, wie er betont - aber sind Sie nicht das kleine Mädchen, dem wir unseren Weihnachtsbaum geschenkt haben, an unserem ehemaligen Arbeitsplatz? - In der Tat! Jetzt erinnere ich mich genau - sagt Alberto. Indem das Mädchen auf die Besucher zugeht und sie aufmerksam begrüßt, zeigt Gabriel, der Papa, der sich auf jemanden zu sprechen begibt, freundlich - jemand kann mir erklären, was hier vor sich geht! - dann geht das Mädchen dorthin, wo ihr Vater ist, und kommentiert - woher weißt du, dass wir jedes Weihnachten einen kleinen Baum haben und fast immer machen wir das auf der Grundlage der Kreativität aller, da du mit Mama nicht gerne "Weihnachtsbäume" für dieses Datum fällst, was in Ordnung ist, aber gleichzeitig haben wir nicht genug Geld, um einen großen Baum zu kaufen, also habe ich mich getraut, dem Weihnachtsmann zu schreiben, damit er mir meinen Traumbaum zu unserem Haus bringt, Situation, dass, ohne es mir geben zu wollen, diese Herren, in der gleichen Weihnachtsform gekleidet im Zentrum der Stadt - in dem der Weihnachtsmann sich nach rechts bewegt und anzeigt - was Sie Ihrem Freund erzählen, ist überraschend, da wir Ihnen unseren Baum geschenkt haben, denn mir mit Alberto war diese Geste sofort geboren, vor so einer schönen Bitte, aber wir haben nie erkannt, dass Sie dieselbe Person sein könnten, der wir in genau diesem Moment den geträumten Baum geben mussten; Ich nutze auch die Gelegenheit, um zu sagen, dass mich der Name des Umschlags verwirrt - er nimmt den Umschlag aus seiner Kleidung, dreht ihn um und spricht langsam den Namen - Conny M. - aus. Stone, Carretera Sur, Kilometer 7, ciudad Fuerte Viento, nun, das ist die Adresse, aber ich erinnere mich, dass Sie uns an dem Ort, an dem wir arbeiteten, sagten, dass Ihr Name Marianela sei, sagen Sie mir nicht, dass das M. diesem Namen entspricht? - Mit einem engelsgleichen Lächeln antwortet das Mädchen - natürlich ist das mein Name, aber da meine Mutter das gleiche Pseudonym hat, nennen mich alle mit meinem zweiten Namen, der Marianela ist - es gibt eine Pause, in der sich alle ein wenig überrascht von der ungewöhnlichen und ungewohnten Begegnung ansehen, indem Gabriel sagt - bitte kommen Sie herein, Sehen wir uns an, wie es dem Baum, den Sie meiner Tochter geschenkt haben, geht - jeder geht durch eine Art Vorhang, der als Tür fungierte, und nachdem man einen kleinen Korridor hinuntergegangen ist und am Ende eine Tür geöffnet hat, sieht man einen zart gearbeiteten Baum, mit Girlanden und kleinen Baumwollen, die ihn wie Schneekugeln aussehen ließen, sein Sockel wurde mit einem

Geschenkpapier umwickelt, das ihn wie einen Ruhekarton aussehen ließ. Um ihn herum sah man eine Krippe aus trockenem Gras, drei weise Männer mit ihren Geschenken für das Neugeborene und einige Tiere, die sie friedlich begleiteten, wie eine rötlich gefärbte Kuh, ein Schaf und zwei schwarz-weiße Hunde, die sich um den Ort zu kümmern schienen.

Sie schauten auf den Weihnachtsbaum, als ein weiteres kleines Mädchen und ein kleiner Mann auftauchten und die Besucher anstarrten, als ob sie sich nach ihrem Eindringen in diesen ordentlich behandelten Ort erkundigten - aber wer sind diese braven jungen Männer? - sagt Alberto. Offenbar wollte der Vater antworten, aber mit der Geschwindigkeit der Jugend, sagt das jüngste Mädchen - ich heiße Francisca und mein Bruder nennt ihn Daniel - und hört die Namen zu Ende, fügt Alberto hinzu - Ich kann Sie fragen, Marianela, warum haben Sie nicht etwas für Ihre Brüder gefragt? - antwortet das Mädchen - ich habe auch nichts für mich selbst verlangt! Ich habe nur um den Weihnachtsbaum gebeten, aber er war für die ganze Familie, und ich wollte keine weiteren Geschenke anfordern, weil meine Eltern mir beigebracht haben, dass man das Wohlwollen der Menschen nicht missbrauchen sollte, das heißt - die beiden Besucher stehen herum und der Weihnachtsmann sagt kein Wort, Er geht ein paar Schritte und legt seinen Sack auf den Boden, berührt seinen Bart, lächelt mit den Kindern und sagt: "Wenn Sie einen Weihnachtsbaum haben wollten, dann sind wir jetzt hier, um Ihnen ein paar Geschenke zu machen, die Sie gerne hätten. Fangen wir also mit dem kleinsten an, um Francisca zu sehen, was wollen Sie? - Das Mädchen bewegte sich nervös hin und her, und als sie ihre beiden Brüder schnell ansah, sah sie schließlich den als Weihnachtsmann verkleideten Mann an und sagte - ich hätte gerne eine große Puppe, die viele Kleider hat, damit ich sie jeden Tag wechseln kann - Alberto, der das Mädchen ansah, sagte - steck deine Hand in den roten Sack und hol das heraus, was drin ist, Fast ohne Pause geht das Mädchen zu der Tasche, legt die linke Hand hinein und nimmt eine Puppe mit langen blonden Haaren und einem lächelnden Gesicht heraus, dann nimmt sie mit der rechten Hand eine Schachtel heraus, deren durchsichtiger Deckel mehrere kleine farbige Outfits zeigte, die es ermöglichen würden, die Kleidung zu wechseln, die das Spielzeug erfordern würde. Das Mädchen schaut alle mit zufriedenen Augen an und geht ohne einen Laut zu machen ein paar Schritte zurück zu ihren Eltern. Dann ist der Junge an der Reihe, der, nachdem er den Befehl erhalten hat, zum Weihnachtsmann zu gehen, darauf hinweist - nun, Daniel, was wollen Sie? - Der Junge, ein wenig nervös, sieht den als Weihnachtsmann verkleideten Mann an, dann sieht er seine Eltern an, dreht sein Gesicht und sagt langsam - ich will einen Zug, der auf einem Seil und einer Wasserpistole läuft, das ist alles - na ja, stecken Sie Ihre Hand in diesen Sack und nehmen Sie, was Sie finden - sagt der Weihnachtsmann und bringt den Sack näher an die Hand des Jungen. Daniel, ein wenig nervös, führt seine Hand ein und holt zuerst eine große Schachtel und dann eine bunte Wasserpistole heraus, sein Gesicht verwandelt sich vor Freude, plötzlich hat er die Pistole in einer Hand, er beobachtet, dass unter seinen Füßen eine geschlossene Pappschachtel lag, dann versucht er schnell, sie zu öffnen, als es ihm gelingt, kommt ein wunderschöner Zug mit angeschlossener Bahnlinie aus dem Inneren heraus und lädt dazu ein, ihn zu bewaffnen, damit die Reise beginnen kann, durch zwei Bahnhöfe, die auf die Gelegenheit zu warten schienen, Fahrgäste zu empfangen oder zu verlassen. Bevor er die Montage der Zuglinie beendet und fast ohne es zu merken, sieht der Weihnachtsmann Marianela langsam auf ihn zukommen, der sie ansieht, als warte er darauf, dass er an die Reihe kommt, dann weist der Besitzer der Geschenke darauf hin - wie schön! Hier haben wir eine Dame, die sich sehr gut benommen hat, Ihre brüderliche Handlung gegenüber Ihrer Familie ist es wert, kopiert und immer als vorbildliche Haltung getragen zu werden, deshalb haben Sie jedes Recht, das zu erhalten, was diese Weihnachtstasche für Sie hat, in Anspielung auf die Tasche, die sie immer begleitet hat - sie fährt mit einigen Worten fort -, bevor Sie das Geschenk herausnehmen, das bereits auf Sie wartet, lassen Sie mich ein paar Worte auf dieses Papier schreiben, das Ihre Mutter in diesem Moment in ihren Händen halten wird. Die Mutter der Kinder kommt und nimmt das Papier entgegen, dann drückt der Weihnachtsmann aus - nun gehen wir das Geschenk holen! Marianela nähert sich mit der Hand dem Inneren der Tasche und zieht ein elegantes hellblaues Kleid mit einem schwarzen Gürtel heraus, im Gesicht wird ein großes Lächeln gezeichnet und ihr

Körper macht den Versuch, sich zurückzuziehen, doch der alte Mann mit den weißen Haaren besteht darauf - wie Ihre Brüder müssen Sie sich für ein weiteres Geschenk entscheiden - das Mädchen scheint verunsichert, doch trotzdem geht ihre Hand wieder in die rote Tasche und sie holt ein Paar schwarze Lacklederschuhe heraus, die mit einem Teddybären zusammengebunden waren, der ihre Augen zu bewegen schien, als ob sie aus dem Winter erwachen würde. Plötzlich steht der Weihnachtsmann mit einigen Schwierigkeiten vom Boden auf, in diesem Moment rennt Alberto schnell los, um ihm zu helfen - lass es sein, lieber Freund, es sind diese alten Knie, die müde zu sein scheinen, von so viel Bewegung, zu der ich sie in diesen langen Jahren gezwungen habe - sagt der Weihnachtsmann lächelnd. So verbringen sie einige Minuten damit, die anwesenden Erwachsenen zu unterhalten, indem sie den Kindern zusehen, wie sie sich an ihren Geschenken erfreuen, und plötzlich warnt Alberto, indem er seinen Freund anschaut - nun, es ist Zeit zu gehen, es war für alle offensichtlich ein großer Moment, aber es gibt hier nur noch wenig zu verlassen - und hört sich an, was gesagt wurde, Papa Gabriel kommt mit seiner Frau und seinen Kommentaren - bevor sie gehen, Ich möchte Ihnen sagen, dass dies das überraschendste und schönste Weihnachten ist, das wir dank Ihnen verbringen mussten, wir waren nicht bereit, ein Weihnachten wie das heutige zu verbringen, ich muss auch hinzufügen, dass ich vor einigen Minuten sogar Ihrer Personifizierung misstraut habe, aber zu sehen, was Sie dem Weihnachtsmann mit diesem wunderbaren Sack angetan haben, Ich kann nichts anderes empfinden, als zusammen mit meiner Familie sehr zufrieden und dankbar zu sein, für alles, was sie für uns getan haben - vor allen anderen, sagt Alberto - die Wahrheit ist, dass wir all das Marianela verdanken, die es gewagt hat, uns zu schreiben, ohne diese Situation wären wir uns vielleicht nie begegnet, deshalb muss der Dank ausschließlich an sie gehen, die diese angenehme Realität möglich gemacht hat - indem Marianela sich beeilt und mit sicherer Stimme hinzufügt - ich weiß nicht, wie ich sagen soll, dass ich mich über die erhaltenen Geschenke freue, ich habe es mir nie vorgestellt und es war ein Dank an Sie, um schließlich nur zu zeigen, dass es mir sehr leid tut, Sie nicht mehr sehen zu können, aber Ihre Erinnerung wird nie aus unserem Gedächtnis gelöscht werden können, danke für alles; Nach einem Augenblick gab es immer wieder Umarmungen, Händeschütteln und gegenseitigen Dank für den gesunden Abschied.

Die ganze Familie geht vor das Haus, um sich von den Besuchern zu verabschieden, und nach einigen Minuten hören sie auf, die Hände zum Abschied zu heben, in der Entfernung der beiden Figuren, die bereits am Anfang der Gasse verschwunden waren. Als alle das Haus betraten, schaute Mutter Stephanie ihre Kinder und ihren Mann an und sagte - was uns heute passiert ist, sollten wir nie vergessen, weil der Weihnachtsmann und sein Begleiter Alberto uns Freude gemacht haben und weil dieses Treffen eine große Lektion für uns alle war - warum? sagt Pater Gabriel - die Frau hält inne und entblößt mit leiser Stimme - Ich sage dies, weil wir niemals ein Urteil über Menschen nach ihrem Aussehen fällen oder daran denken sollten, ich drücke dies aus, weil ich mir das gleiche, was Sie über die Personifizierung unserer illustren Besucher gedacht haben, auch vorgestellt habe, wie auch immer ihr Verhalten und alles, was sie taten, ich habe keinen Zweifel, dass sie die wahren Vertreter von Weihnachten waren. Außerdem möchte ich ihnen den Zettel zeigen, den mir der Weihnachtsmann vor Marianelas Geschenken geschenkt hat. Es scheint, dass sie dieses Detail vergessen hatten - Gabriel nimmt den kleinen Zettel und liest ihn laut vor -, in dem Schriftstück steht: "Marianela, ich hoffe, dass Ihnen Ihr himmlisches Kleid als Geschenk gefällt, begleitet von einigen schwarzen Schuhen neben einem liebenden Bären".

Die Lesung provozierte eine Grabesstille in der Familie, die Eltern waren sich der illusteren Besuche bewusst, die Kinder konnten sich der gelebten Realität kaum bewusst sein, doch in diesem Moment der Gedanken war der Klang der Zugglocke zu hören, Die Lokomotive mit ihrem charakteristischen Geräusch kündigte im Wohnzimmer des Hauses die Annäherung an einen Haltepunkt an, aber gleichzeitig schien es, dass sie die Gelegenheit nutzte, um in diesem Haus ein gutes, das glücklichste Weihnachten anzukündigen.

97

Sie waren etwa zwei Minuten weg, als Alberto darauf hinweist - ich war angenehm beeindruckt von all der Arbeit, die geleistet wurde, jeder Fall von Geschenkübergabe war eine faszinierende Zeit, ich konnte das Herz der Menschen sehen, die Haltung der Kinder war tröstlich, jedes Mal, wenn ich Ihren Wunsch, zu kommen und auf persönliche Weise zu sehen, was sich auf Weihnachten bezieht - den alten Weihnachtsmann - mehr und mehr rechtfertige, Mit einem langsamen Tempo antwortet er - ich denke dasselbe wie Sie, nur dass ich bedauere, nicht mehr Zeit gehabt zu haben, mehr Dinge tun zu können, ich denke, unser Beitrag war gut, aber er ist immer noch unzureichend, wegen der Menge an Kindern, die wir nicht besuchen können, wie auch immer, es hat dazu gedient, unsere Vision von Weihnachten an diesen Orten zu landen - plötzlich hört man das Bellen des Hundes, der sie begleitet hat, Dieser kündigt die Anwesenheit eines Tieres an, tatsächlich gehen sie ein paar Schritte vorwärts und finden eine Kuh, die ruhig am Rande eines Zaunes grast, bevor das, was der Weihnachtsmann sagt - unser "Hundefreund" beschützt uns, versucht sich um uns zu kümmern, das hat mich in unserer endgültigen Entfernung von diesem Ort erschwert - Alberto antwortet ihm - nun, ich habe Ihnen mehrmals von diesem treuen Tier erzählt, aber Ihr Schweigen und Ihre spärliche Analyse verhindern, dass wir über eine endgültige Lösung nachdenken - Weihnachtsmann, Antwort - Ich bin immer noch nicht bereit, über diese Situation nachzudenken, bester Freund, schauen wir nach, wo wir zu dieser Stunde stehen, denn es ist acht Uhr abends und Ramon wird um 11 Uhr kommen:00 Stunden auf uns warten und auch, wie lange wir noch zu dem Ort gehen müssen, an dem unser Freund mit seinen Rentieren sein wird - an diesem Punkt hält er an und nimmt den Stock, der ihm beim Laufen hilft, er lässt ihn auf dem Boden liegen und überprüft sofort die rechte Tasche seines roten Mantels und nimmt ein kleines Päckchen heraus, dass er, wenn er es aus dem Papier auspackt, das es bedeckt, ein Instrument mit fünf Punkten sieht, in Wirklichkeit war es der Polarstern, der ihm in seinem Haus übergeben wurde, um den Weg zurück zu finden, und bevor etwas passieren konnte, hört er einen Ausruf - richtig! Dieses Werkzeug kann uns helfen, den Weg nach Hause zu finden - Alberto hält vor dem Weihnachtsmann an, um zu sehen, was er tun kann.

Der alte Weihnachtsmann platziert den Polarstern in Richtung Norden, und während er ihn bewegt, beginnt eine grüne Farbe zu erscheinen, die die genaue Position seines Wohnortes anzeigt, vor dem wir hören - nun Alberto, die Richtung ist das, was uns das Instrument anzeigt, dann müssen wir jetzt die nächste Straße erreichen, die senkrecht zu der Straße verläuft, auf der wir gehen, und wir müssen ihr nur folgen, um den Ort zu finden, an dem Ramon auf uns warten wird - vor dem, was Alberto sagt -, dass es gut ist zu wissen, dass wir jetzt nach Hause gehen, aber ich habe gemischte Gefühle bei allem, was passiert ist, es ist klar, dass Weihnachten nicht für alle gleich ist, Aber es lohnt sich, sie zu kennen und mit allen Opfern zu leben, die sie mit sich bringt, ihre Anwesenheit zu schätzen und jedes Jahr besser für die Kinder zu arbeiten, die uns an diesem Ort und zweifellos auch an allen anderen, die es in dieser großen Welt gibt, so viel gutes Beispiel gegeben haben - man hört das Gehen der Schuhe durch das trockene Gras, Aufgrund der intensiven Hitze während des Tages erscheint jedoch in einem Augenblick wie an anderen Tagen, wieder am Himmel verdunkelt die Anwesenheit einer weißen Dame mit seinem schwachem Licht, macht sich seinen Weg durch die Weite des Universums - Santa schaut auf seine Uhr und stellt fest, dass es 9 ist:45 Stunden in der Nacht und er sagt - es wird nicht lange dauern, bis die endgültige Rückkehr erfolgt, was mir sehr gut tun würde, denn mein Körper ist zu müde und ich möchte einfach nur schlafen, aber ich kann nicht aufhören, Ihnen zu antworten und Sie zu ermutigen, dass das Beste an dieser Reise in der Tat das Beispiel der Kinder war, das mich dazu bringt, noch härter zu arbeiten, um ihren täglichen Erwartungen gerecht zu werden -

Etwa vier Kilometer waren zurückgelegt worden, als das grüne Licht des Polarsterns an Intensität zunimmt, als ob es die gewählte Richtung bestätigen würde. Der Begleithund läuft hin und her, als wolle er deutlich machen, dass der Spaziergang der Reisenden immer ungestört ist, damit sie ihren Gang nicht verzögern. Von Zeit zu Zeit nähert er sich dem Weihnachtsmann, um ihn zu beobachten und zu riechen, und dann springt er in einem Augenblick zu seinem Ort der endlosen Erkundung.

Es waren nur noch zehn Minuten bis 11 Uhr abends, als plötzlich ein scharfes Pfeifen im Instrument Estrella Polar zu hören war, eine Situation, die Alberto in die Lage versetzte zu sagen - hier müssen wir anhalten! und von diesem Ort aus müssen wir in den dichten Wald gehen, wo wir nach einigen Metern auf das offene Feld treffen müssen, wo unser Freund Ramon wahrscheinlich ist. Die langen Arme einiger von ihnen schienen sie umarmen zu wollen, als suchten sie nach einer Möglichkeit, sie zu registrieren, die Blätter waren von beiden Seiten zu sehen, als ob man in einem Tanz von einer gewissen Langsamkeit, wenn das gedämpfte Licht der Königin jener Nacht diesen Wald durchqueren konnte, als ob man um Erlaubnis bat, an diesem Tanz teilzunehmen, neben einer sanften Brise, die sich ohne Schwierigkeiten zwischen so vielen Bäumen bewegte.

Als das Keuchen der Männer immer schneller wurde, zog sich plötzlich die tiefe Dunkelheit zurück und eine größere Klarheit erschien, war dies sicherlich der Ort, an dem sie vor ein paar Tagen angekommen waren. Ihre Schritte hörten nicht auf, und als sich ihre Augen an die neue Dunkelheit zu gewöhnen begannen, konnten sie plötzlich das Bild einer gewaltigen Kutsche sehen, die von Rentieren begleitet wurde und eine beneidenswerte Ruhe zeigte; dann hörte man einen Ruf, der die erwähnte Ruhe des Ortes zu durchbrechen schien - Ramon, bist du da?" sagte der Weihnachtsmann - einige Sekunden vergingen, und ein Mann erschien hinter den Rentieren, der mit einem großen Lächeln darauf hinwies - wer könnte wohl so viel Geduld haben, auf sie zu warten und auch zu kommen, um sie zu suchen? Drei breite Lächeln erschienen im Halbdunkel der Nacht, und die Schritte der drei Figuren schienen sich mehr zu beeilen, sich in brüderlichen Umarmungen zu treffen, was auf die Anwesenheit einer alten Freundschaft hinwies, die durch die kurze Zeit, die sie getrennt waren, nur noch verstärkt wurde.

KAPITEL VIII: *ZURÜCK MIT EINEM ANDEREN PASSAGIER*

Plötzlich brüllt eines der Rentiere in dieser Nacht. Diese Situation veranlasst die Reisenden, sich zu beeilen, denn es ist Zeit, die Heimreise anzutreten. Ramon steigt in den Schlitten und beginnt schnell, das kleine Gepäck der Passagiere unterzubringen. Alberto und Ramon hatten sich bereits auf ihren Sitzen niedergelassen, als der Weihnachtsmann sich auf die Schiene des Schlittens lehnt, in das Dickicht des Waldes blickt und seinen Blick zu seinem Freund wendet, zu dem er sagt: "Ich kann das nicht tun, mein ganzes Leben war es, Freude zu schenken, alles um mich herum glücklich zu machen, und im Moment würde ich es nicht tun, ich kann meine Handlungen nicht verdrehen, und das fast schon an Weihnachten! - Alberto kann kein Wort sagen, als er sieht, dass der Weihnachtsmann sich umdreht und zum Eingang des Waldes geht. Der weißhaarige Mann nähert sich langsam einem Hund, der sich immer wieder bückt, mit dem Schwanz wedelt und mit ihm spricht - Sie wussten also, dass ich gehe! Deshalb haben Sie mich nicht zum Schlitten begleitet, aber Sie sind hier geblieben, ich muss unglaublich aussehen, wenn ich mit Ihnen rede, aber jetzt, wo wir nach allem, was wir durchgemacht haben, so weit gekommen sind, müssen Sie mir folgen, wohin ich auch gehe, also lassen Sie uns zusammen gehen! Plötzlich, als ob er den alten Mann verstanden hätte, stand der treue Hund auf und lief wie immer, sein Gang schien der eines verspielten Welpen zu sein, er ging und kam zurück, als ob er seine Lebensfreude kundtun würde, als ob er den Eindruck erweckte, man würde ihn erkennen. Fast ohne es zu merken, stehen die beiden neben dem Schlitten, indem man sieht, wie sich der Weihnachtsmann bückt und den Hund in die Arme nimmt und auf den Schlitten setzt, indem man Ramon sagen hört - ich muss Sie fragen, ob Sie den Hund zu uns an den Nordpol bringen? - Nachdem er den Hund auf einen Sitz gesetzt hat, reibt der Weihnachtsmann seine Hände über seine Hose und konfrontiert seinen Freund, weist er darauf hin - dieses Tier hat Alberto und mich neunzig Prozent der gesamten Zeit, die wir hier waren, begleitet, seine Art zu sein hat mich hauptsächlich erobert und mir mit seinem Verhalten vielleicht eine Lektion in Demut und Loyalität erteilt; Ich nehme ihn mit zu uns nach Hause, weil wir mit Präsenz und Geschenken Freude machen und er genau das Gleiche getan hat und ohne so viel Resonanz, weil er ein Hund ist, deshalb kann ich das nicht ignorieren und mich von ihm verabschieden, mit einem kalten Abschied und mit dem Wissen, dass ich in der Verlassenheit, die bleibt, nicht anders handeln kann, wir sind schon Freunde und als solche müssen wir uns gegenseitig behandeln, Deshalb hat Ramon ihn zu uns gebracht - er senkt die Hände von der Hüfte, der Führer, sagt er - es ist mir klar, warum Sie ihn mitnehmen und ich schließe mich Ihren guten Gedanken an, ich denke, er verdient die gute Behandlung und Rücksichtnahme, die nur er mit seinem Verhalten erreicht hat - Dann nimmt er den Polarstern, der ihm übergeben wurde, in die Hand und fügt hinzu - der Indikator oder Zeiger gibt nur den Norden an, also da müssen wir jetzt hin, gehen wir jetzt! - in der Stille des Abends ertönt ein lautes Knacken aus einem Lederschaft, das die Rentiere auf einmal herausziehen lässt, indem sie einen großen Schlitten ziehen, der diesmal auch einen treuen Hund mit sich führt, der ein wenig verängstigt am Boden kleben bleibt

- Hab keine Angst, mein Freund! Es ist nur eine Reise, die dir die Möglichkeit gibt, mehr Freunde zu haben - waren die Worte von Alberto, der mit dem Hund sprach, während er seine Hand an der Wirbelsäule entlangführte, als Zeichen der Zuneigung und der Ruhe.

Die Fahrt war etwas langsam, was für die Passagiere Grund genug war, sich zu beruhigen und ihren Körper in einen Zustand der Ruhe zu versetzen, der wie die Geschwindigkeit des Windes das Erscheinen und sicherlich auch die Anwesenheit von Schlaf in diesem Moment bewirkte.

Während der Fahrt schaute Ramon, der das Rentier führte, ab und zu seitlich auf den Hund, der keine Geste machte, die ihm die Gewissheit gab, dass er schlafen wollte, sondern im Gegenteil nur den Weihnachtsmann und Alberto, die nur auf ihren Sitzen liegend, in ihre Kleidung eingewickelt, schliefen. Als mehrere Stunden vergangen waren, ließ Ramón plötzlich die Zügel des Rentierführers los und begab sich zu dem Ort, an dem seine Freunde sich ausruhten. Nachdem er ihren Zustand einige Sekunden lang beobachtet hatte, ging er zu einer Tasche, aus der er Decken herausholte, mit denen er die Reisenden, die in diesem Moment nichts fühlten, beherbergte. Er nimmt auch eine weitere dünne Decke heraus und legt sie auf den Körper des Hundes, der fröhlich mit dem Schwanz wedelt und ihn gleichzeitig mit einem freundlichen Gesicht anschaut, als ob er sich für die gemachte Geste bedanken würde. Es reicht nicht aus, zwei Stunden zu vergehen, wenn plötzlich eine sehr eisige Atmosphäre entsteht, die sich durch den Wind zeigt, der in den Schlitten einfährt und auf den Rand eines Eisbergs trifft, um seine eisige Präsenz zu zeigen. Vielleicht hat die herannahende klimatische Atmosphäre den Weihnachtsmann ein wenig verwirrt aufgeweckt, und indem er bekannt gab, dass ihm kalt war, nutzte er diesen Moment, um zu zeigen - wir sind schon nahe an unserem Zuhause, es war Zeit, das Haus und die Familie zu sehen, die wir haben, was sagst du dazu, Ramon? - der erwähnte dreht den Kopf und schaut ihn an, und er antwortet - natürlich ist es Zeit, alle haben sie verpasst und besonders an einem Tag wie heute, an Weihnachten, finde ich es toll, sie wieder gesund und munter zu sehen -

Die Rentiere hielten sich langsam an ihrem Gang fest, als sie plötzlich unter einem Haufen großer Wolken herunterkamen und auf einer kleinen Eisbahn landen wollten, die von Lichtern umgeben war, gehalten von Menschen, die kein Lächeln vor der Freude verbergen konnten, die sie empfanden, natürlich war es die ersehnte Familie, die auf sie wartete! Das Geräusch der Hufe und Schlitten, die sich vor der Haltestelle niederließen, ließ Alberto abrupt aufwachen und sagte dies - ich weiß nicht, wie ich so viel geschlafen habe, obwohl ich glaube, dass Ramon am Ende der Reise die Regeln des langsamen Verkehrs nicht respektierte - dies brachte das Lachen mehrerer Freunde, die bereits vor Ort waren, dazu, die neu angekommenen Reisenden zu begrüßen.

Die Begrüßungsumarmungen und Weihnachtsgrüße strömten unter allen Anwesenden aus, es schien, dass die bestehende Kälte kein ernsthaftes Hindernis für das Geschehen in diesem Moment war. Plötzlich ertönt ein Stöhnen, das alle zum Schlitten dreht, davor werden sie zu Natalia und Leonor, diejenigen, die schnell auf den Schlitten zugehen, sobald sie angekommen sind, ohne zu merken, dass sie sich verbeugen, um in den Raum zu sehen, in dem einige Koffer stehen geblieben sind, und sie beobachten ein Tier, das ein wenig nervös aussieht, fast vor Angst, natürlich war es ein Hund! der nicht aufhörte, jämmerlich zu stöhnen. Wir hören Natalias Stimme, die sagt - was für ein schönes Tier! Wer es mitgebracht hat, scheint den Besitzer zu suchen. Der Weihnachtsmann nähert sich und beugt sich über die Hälfte seines Körpers in den Schlitten, mit seinen großen Händen nimmt er das Tier, wickelt es um seinen Körper und legt es dann auf den Boden, zeigt auf - Ihnen allen hier möchte ich einen Hund zeigen, der noch keinen Namen hat, der aber aus der Stadt kam, um unter uns zu bleiben, sein Einführungsschreiben lautet, dass er strahlende Freude genießt, sehr treu ist und mit Demut und Toleranz auf einer höheren Skala der Meisterschaft umgeht, die viele von uns Männern und Frauen gerne hätten; Er braucht nur Liebe und Nahrung, um uns das zu geben, was er hat, was sagen Sie dazu?. Es vergingen einige Sekunden, und dann waren mehrere Stimmen der Unterstützung zu hören, die alle kamen, um den Neuankömmling zu beobachten und zu streicheln. Vor wenigen Minuten wurde das Tier, das wegen seines Zustands als Außenseiter ein wenig verzweifelt war, in diesem Moment mit unzähligen Zeichen von Zuneigung und Akzeptanz unterhalten, eine Situation, die es bald wieder mit dem Körper wackeln und mit dem Schwanz wedeln ließ, als Zeichen der Befriedigung für den Moment, in dem es lebte.

Nach einer Weile, in der sich die Situation beruhigt hat, sieht man alle mit dem Hund auf die Häuser zugehen, wo in der Ferne Lachen und Stimmen voller Zufriedenheit und Freude zu hören waren. Die Ankunft im Heim war in eine Atmosphäre der Entspannung, der Beobachtung und der Seufzer gekleidet, die jeder ohne Unterschied zu teilen schien. Als die Reisenden ihr Haus betraten und in den großen Speisesaal kamen, konnte man einen Tisch voller Kekse, Kuchen, süßer Brote und einer großen Torte sehen, die die Anwesenheit von Weihnachten ankündigte, indem man Leonor sagen hörte: "Lieber Weihnachtsmann, Alberto und alle hier Anwesenden, die ihre Freunde sind, wir möchten Sie willkommen heißen und Ihnen danken, dass Sie so gut zurückgekehrt sind, wie Sie gegangen sind, gleichzeitig nutze ich die Gelegenheit, Sie zu fragen: Haben Sie ihnen den Polarstern und den Stock, den wir ihnen geschenkt

haben, serviert? - eine Pause wird in der Atmosphäre geschätzt, und es ist der

Weihnachtsmann, der antwortet - ich möchte Ihnen für einen so schönen Empfang für

uns danken, was wir nicht aufrichtig erwartet haben, wir wollten es einfach nur wissen

und es mit Ihnen verbringen, wie auch immer dies (unter Angabe des servierten und

speziell dekorierten Tisches) besser ist, es ist sehr überraschend, dies ist zu Hause zu

sein; nun zu den Utensilien, die uns gegeben wurden, muss ich ankündigen, dass

sowohl der Polarstern als auch der Stock, waren der Schlüssel in unserer Mission,

vielen Dank dafür -

Die Begegnung aller Menschen im Haus war sehr angenehm, die Anekdoten,

schwierigen und angenehmen Situationen, die sich auf der Reise des Weihnachtsmanns

und Albertos ergaben, standen im Mittelpunkt des Gesprächs, jeder wollte hören, was

passiert ist, was passiert ist und so viele andere Dinge. Als der Tag zu Ende ging, war

es schwierig, alle Teilnehmer zu trennen, aber langsam gingen sie einer nach dem

anderen zu ihren jeweiligen Ruhestätten.

KAPITEL IX: *EIN NEUER FREUND*

Als es keine Besucher mehr im Haus gab, sah man einen Hund ganz nah bei den Neuankömmlingen, natürlich war es das Tier, das sie mitgebracht hatten, denn man hört Alberto sagen - wir haben eine Schuld bei Ramon, lasst uns das begleichen, lasst uns zu ihm gehen - dann sieht man die beiden Freunde zu einem alten Schuppen gehen, der in der Ferne seine Türen offen hatte, als sie ankommen, öffnen sie sie und sehen Ramon drinnen alle Kleider, die er im Schlitten mitgenommen hatte, reinigen, sie kommen näher und fragen ihn - wie geht es Ihrem Hund Toby? - der Mann, der eine Wollmütze trug, steht auf und schüttelt seine Hände gegeneinander, sagt er - nun, mein Hund ist nicht mehr bei uns, er hat es nicht bis Weihnachten geschafft, er ist vor zwei Tagen gestorben, die Wahrheit ist, dass ich ihn sehr vermisse, aber das Leben geht weiter, und ich habe heute und ich werde immer all seine guten Erinnerungen haben, ich denke, sie werden mir kaum aus dem Kopf gehen - beide Männer sind gerade erst angekommen, gehen ein paar Schritte vor und als hätten sie sich geeinigt, Sie umarmen ihren Freund als Zeichen des Bedauerns für das, was passiert ist, und dann fügt der Weihnachtsmann hinzu - was Sie gerade gesagt haben, ist eine große Wahrheit, aber ich möchte die Gelegenheit nutzen, um Ihnen einen Hund vorzustellen, den wir mitgebracht haben, wir haben immer noch keinen Namen für ihn und Sie kannten ihn auf der Reise ein wenig, aber wir möchten, dass Sie wissen, dass er unsere großartige Gesellschaft an dem Ort war, an dem wir waren, Er hat uns nie im Stich gelassen, vielleicht können Sie ihm einige interessante Dinge beibringen, die nur Sie wissen und die er mit der Zeit wie unser wirklicher Begleiter fühlen kann, das Gefühl, dass wir ihn hier alle wollen, wir brauchen ihn - indem Ramon reagiert und sagt - es ist keine schlechte Idee, dass ich ihm etwas beibringen kann, auf der Reise habe ich bemerkt, dass er ein neues Tier ist und dass er auch freundlich ist, Vielleicht können wir Freunde werden und mir so helfen, eine Wunde zu heilen, die sich durch den Verlust einer großen Freundschaft aufgetan hat - sagte dieser verbeugt sich vor dem neu angekommenen Tier, umhüllt sein Gesicht mit den Händen und streichelt dann seinen wolligen Rücken, ein Manöver, das der Hund mit einem fröhlichen Schwanzspiel

106

zurückkehrte und seine etwas raue Hand leckte, von so vielen Jahren Arbeit in diesen kalten Breitengraden; Plötzlich dreht sich der Mann auf seine Schritte und kommentiert - ich möchte diesen Moment nutzen und Ihnen erzählen, wie meine Reise als Vertreter des Weihnachtsmannes verlief, diese Mission wurde dieses Weihnachten durchgeführt, weil Sie nicht anwesend waren, in dieser Situation möchte ich Ihnen sagen, dass wir viele Geschenke verteilt haben, es war ein gigantisches Werk von allen und ich konnte sehr glückliche, lächelnde, zufriedene Gesichter sehen, aber ich bin immer noch besorgt, was passiert in den Häusern, die wir nicht erreichen können? Sei es aus Zeit, Unwissenheit und vielleicht aus anderen Gründen - es gibt eine Pause, und dann zeigt Alberto an - wie gut Ihre Kommentare vor einer Mission dieser Größenordnung sind, jetzt können Sie Zufriedenheit empfinden, bevor die Aufgabe erfüllt ist, aber Ihre gleiche Sorge machte es möglich, dass wir eine Reise, um die Zweifel zu zerstreuen, mit demselben Tenor wie Sie sie hatten, beginnen mussten; Ich möchte Ihnen sagen, dass es traurig ist zu wissen, dass Tausende von Kindern durch unser Medium nicht irgendein Geschenk erhalten, aber da Konformität die Ruhe bleibt, die viele von ihnen suchen, um das zu bekommen, was sie wollen, gibt es auch unterstützende Menschen, die an diesem Tag und auf der anderen Seite viel helfen, Wir müssen uns besser anstrengen, um diese anomalen Situationen zu überwinden - fügt der Weihnachtsmann hinzu - ich persönlich habe aus allem, was passiert ist, viel gelernt, und ich bin überzeugt, dass man mit ein wenig Anstrengung ein Lächeln in einem Kind erreichen kann, das die Sauberkeit, Unschuld, Passivität, Eigenschaften repräsentiert, die wir Erwachsenen so sehr brauchen; Gut gemacht Ramon, ich bin aufrichtig froh über das, was passiert ist, niemand hätte die ihm anvertraute Aufgabe besser erledigen können - dann beginnt der alte Mann mit den langen Haaren ohne ein weiteres Wort einen Spaziergang, der sie von anderen wegführt.

Die schwache Sonne, die in dem weiten Gebiet des Nordpols zu spüren war, wollte nicht gehen, aber eines schönen Abends hingegen wollte sie teilnehmen, obwohl sie nicht eingeladen war, ihr Spaziergang mit dem Vorrücken der Zeituhr wurde unhaltbar, so dass Alberto plötzlich vor dem Betreten des Hauses vor sich hin murmelte - wo war der Weihnachtsmann hin? Ich habe ihn eine Weile nicht gesehen oder gefunden, aber jetzt, wo ich mich wieder erinnere, glaube ich zu wissen, wo ich ihn finden kann - und wenn ich das sage, dann geht er auf eine weiße Unendlichkeit zu, die nur Morgendämmerung und Frische zeigte, es war die eisige Ebene des Nordpols, die zum Spazierengehen einlud - einige lange Minuten vergehen, als Alberto in der Ferne die Gestalt seines Freundes sieht, der auf einem Wagen sitzt, der langsam mit dem Fall eines feinen umgebenden Schnees weiß gestrichen wird, war es so, als Sie neben dem Wagen ankamen, dass er sagte: "Weihnachtsmann-Freund, ich habe Sie genug gesucht, was machen Sie hier? Stimmt etwas mit Ihnen nicht? Es scheint mir, dass ich Ihnen vor Beginn unserer bereits erwähnten Reise - mit der Passivität, die sie charakterisiert, antwortet der Weihnachtsmann - an diesem selben Ort dieselbe Frage gestellt habe. Ihr Anliegen könnte nicht zeitgemäßer sein, denn ich erinnere mich genau, was Sie bei dieser Gelegenheit vor der Reise gefragt haben, und jetzt drücke ich aus, dass ich hier bin, weil ich symbolisch einen Zyklus unserer Arbeit schließe, indem ich an diesen Ort komme, denn hier hatte er Zweifel an unserem Handeln und die Reise hat sie zerstreut, andererseits hat Ramon seinen besten Freund Toby verloren, aber vielleicht wird er mit der Zeit bald einen anderen Freund an seiner Seite haben, denn ich habe gerade gesehen, wie er unseren Hund mit den anderen Sibiriern anfängt und sich endlich an diesem kalten Ort fühlt, die Wärme der Freude, meinen besten Freund, d.h. Ihre Gesellschaft, zu haben, die sich immer Sorgen um diesen Charakter macht, der sich im Laufe der Jahre schon ziemlich verschlechtert hat - das gab Alberto die Gelegenheit zu sagen - unsere Reise hat vielen von uns geholfen, die Wahrnehmung der Menschen zu verändern, aber man darf den Mut nicht verlieren, denn wenn das passiert, darf man nicht den Mut verlieren, Damit stirbt auch Weihnachten, das der Sinn unseres Lebens ist - es gibt eine Pause, aber es war nicht nötig, lange zu warten, bis jemand versucht zu sprechen, aber diese Handlung wurde abgeschnitten, weil man das unermüdliche Hecheln des treuen Stadthundes hören kann, der sie so sehr begleitet hatte, natürlich war er es, der sie wie immer begleitete; Angesichts des Geschehens, hört man den Weihnachtsmann sagen - Sie haben Recht, Alberto, zusammen mit Ihrer Unterstützung und der anderer, einschließlich der Gesellschaft dieses Hundes, der uns hoffentlich viele Jahre lang begleiten wird, werden wir in der Lage sein, über die unzähligen Aufgaben nachzudenken und zu planen, die die Geburt eines Kindes, das uns aus Liebe zu uns gerettet hat, immer mit sich bringt. Ich denke, wie Sie, dass Weihnachten nicht verschwinden kann, jemand muss es immer aufrechterhalten, um nicht das Lächeln des Kindes verschwinden zu lassen, das nur viel von uns allen erwartet, besonders an diesem Datum - er hält inne, schaut in den schon dunklen Himmel und zeigt wieder - wow! Wir müssen nach Hause zurückkehren, denn die Nacht bietet uns schon Schutz und es kommt über uns mit diesem feinen Schnee, der uns schon genug Schutz bietet - indem der alte Mann mit den langen weißen Haaren seinen Freund anschaut und sagt - weißt du? wir sind verreist, um Geschenke zu überbringen, und wir haben auch eins mitgebracht, und du weißt, wer es ist, darüber denke ich, dass es an der Zeit ist, dass unser Hund einen Namen hat, hast du einen Gedanken für ihn? - Alberto macht ein paar Schritte vorwärts und hält beide Hände, antwortet er - Sie haben Recht, es ist Zeit, dass er seinen eigenen Ausweis hat, aber ich schlage vor, dass wir morgen, wenn wir wieder wissen, dass ein neuer Tag für uns geboren wurde, zum Frühstück ein paar Namen zwischen uns zur Auswahl haben, meinen Sie? - Der Weihnachtsmann schaut ihn lächelnd an und drückt aus - es ist nicht schlecht, dass wir morgen den Namen unseres treuen Hundes finden, also gehen wir vorerst zurück in unser Haus, es ist schon sehr spät -

Wie immer, wenn sich die letzten Stunden des Tages nähern, tritt jener majestätische Mantel der Nacht ein, den jeder schützen will, begleitet von einem sanften eisigen Wind, der das Licht des Polarsterns, der in seiner konnotierten Majestät so besonders leuchtet, abzuschneiden scheint; so sieht man diese drei Figuren wieder gehen, aber nun auf einer Ebene, die endlos und auch zu kalt erscheint, im Gegensatz zu den langen Straßen, die in der besuchten Stadt zurückgelassen wurden.

So setzt das Protokoll seinen unaufhaltsamen Rhythmus fort, durch eine etwas kalte, aber stille Zeit und das Wetter hindurch, und auf der anderen Seite sieht man den Weihnachtsmann einen langsamen Spaziergang machen, aber mit der Hoffnung, bessere Werkzeuge für das nächste Weihnachten zu haben; Man sieht auch Alberto, mit dem inneren Glück zu wissen, dass er und sein Freund mit den gelernten Lektionen wieder auf den Beinen sind und sich auf die Herausforderungen der Zukunft freuen, und schließlich sieht man einen Hund, der wie immer unerbittlich über die nun eisige Ebene rennt und rennt, als ob er seine Freude am Zusammenleben mit einem Geschenk des Lebens, wie der Gründung einer Familie, die er vielleicht nie gehabt hat, kundtun würde, und außerdem, ohne es noch zu wissen, morgen, wenn die ersten Strahlen des Sonnenkönigs in diesem eisigen Land leuchtend erscheinen, könnte er endlich einen passenden und verdienten Namen haben.

FIN

Printed in Great Britain
by Amazon

16916770R00070